我的人生故事

海伦·凯勒自传

〔美〕海伦·凯勒 著 丁艳 编译

远方出版社

图书在版编目（CIP）数据

我的人生故事：海伦·凯勒自传／（美）海伦·凯勒著；丁艳编译.--呼和浩特：远方出版社，2021.9

ISBN 978-7-5555-1293-6

Ⅰ.①我… Ⅱ.①海… ②丁… Ⅲ.①凯勒（Keller，Hellen 1880-1968)-自传 Ⅳ.①K837.127＝533

中国版本图书馆 CIP 数据核字（2021）第 244881 号

我的人生故事：海伦·凯勒自传
WO DE RENSHENG GUSHI:HAILUN · KAILE ZIZHUAN

著　者	〔美〕海伦·凯勒	
编　译	丁　艳	
责任编辑	孟繁龙	
封面设计	末末美书	
版式设计	王志利	
出版发行	远方出版社	
社　址	呼和浩特市乌兰察布东路 666 号　邮编:010010	
电　话	(0471)2236473 总编室　2236460 发行部	
经　销	新华书店	
印　刷	固安兰星球彩色印刷有限公司	
开　本	880 毫米×1230 毫米　1/32	
字　数	222 千	
印　张	8	
版　次	2021 年 9 月第 1 版	
印　次	2022 年 8 月第 1 次印刷	
标准书号	ISBN 978-7-5555-1293-6	
定　价	42.00 元	

如发现印装质量问题，请与出版社联系调换

序言

苦难，是对生命的馈赠

海伦·凯勒(1880—1968)，著名女作家、教育家，出生于美国亚拉巴马州北部一个叫塔斯甘比亚的城镇。在她一岁半的时候，一场重病夺去了她的视力和听力，接着，她又丧失了语言表达能力。七岁时，安妮·莎莉文担任她的家庭教师，从此成了她的良师益友，相处达五十年。在莎莉文的帮助下，1898年，海伦·凯勒考入了哈佛大学附属剑桥女子学校，1900年秋，考进哈佛大学的拉德克利夫学院，这对于一个失明和失聪的人而言，可说是带有传奇性质的。

1904年海伦·凯勒以优异成绩大学毕业，并在此期间写了第一本书《我的生活》，叙述她如何战胜病残，不但给盲人而且给成千上万的正常人带来了鼓舞。这本书被译成五十种文字，在世界各国流传。以后她为许多杂志撰写文章，还写了几部自传性小说，《我生活的世界》

《走出黑暗》《我的信仰》《中流——我以后的生活》和《愿我们充满信心》，在这些著作中，她表明黑暗与寂静并不存在，人生有无限的精彩。海伦·凯勒后来成了卓越的社会改革家，她走遍美国和世界各地，为盲人学校募集资金，把自己的一生献给了盲人福利和教育事业。有人曾如此评价她："海伦·凯勒是人类的骄傲，是我们学习的榜样，相信众多的因疾病而聋、哑、盲的人都能在黑暗中找到光明。"

海伦·凯勒用自己的行动证明了人类战胜疾病的能力和勇气，还将自己的经历写下来，给世人以宝贵的启迪和借鉴。本书是其回忆录，完整地介绍了她丰富、生动、真实而伟大的一生，书中所体现出的品质、意志、耐力等强烈地震撼着我们，震撼着每一位读者。

书中海伦·凯勒用自己坚强乐观、积极进取的生活态度，向世人揭示了一个道理：一个人最可贵的是乐观向上、永不言败的精神，有了这种精神，就能在黑暗中看到光明，在坎坷中不断前进，在逆境中获得新生。她用自己所能感受到的、所能想象到的情景，表达出对求知的渴望和对人类的真挚热爱。她以自己的亲身感受告诫我们：健康的心理是人类成功的最基本条件，具有健康心理的人，纵然是身体残疾也不会抱怨命运的安排，不接受和渴求他人的怜悯，他们会凭着自己坚强的毅力到达理想的彼岸。

希望这本激动人心、鼓舞人们上进的作品能给读者带来收获。

用知识开启幸运之门

——导读

海伦·凯勒说:"知识给人以爱,给人以光明,给人以智慧,应该说知识就是幸福,因为有了知识,就是摸到了有史以来人类活动的脉搏,否则就不懂人类生命的音乐!"的确,知识的力量是无穷的,正是知识使海伦·凯勒创造了人间奇迹!

海伦·凯勒是不幸的,但她又是幸运的。在她19个月失去视觉和听觉后,就与这个世界失去了沟通,失去了联系,这个幼小的生命不知道如何排遣与世隔绝的孤独感,她古怪、粗暴、无礼,直至莎莉文老师走进了她的生活,教会她认字,才使她张开了心灵的眼睛,得以与人沟通。此时,孤独的海伦·凯勒意识到只有知识才能为她铺就一条通向光明之路。当海伦·凯勒感悟到"水"——这个她所认识的第一个字后,便开始了对知识、对世界强烈地渴求,开始了迫不及待地认字、阅读,像一块海绵不断地从生命本身汲取知识水分。对知识的渴求,使她在常人难以想象的单调和枯燥中学会了德语、拉丁语、法语等多国语言,阅读了多部文学和哲学名著,获取了许多伟人和智者的思想精髓。她把学习比做攀登奇山险峰,跌倒了再爬上去,每得到一点进步,就有一份鼓舞。她逐渐看到更为广阔的世界,直至璀璨的云端、蓝天的深处、希望的顶峰! 知识像一道道彩虹,点亮了海伦·凯勒心中的灯,照亮了她的内心世界,也架起了海伦·凯勒和这个世界沟通的桥梁!

本书中,海伦·凯勒对大自然景色的细腻描写,使人很难相信这出自一位盲聋人之笔;她去骑马、划船、游泳、滑雪橇,甚至独自一人月夜泛舟,用心去领略月下荷塘的美景;她去参观博物馆,"听"音乐会,甚至去"欣赏"歌剧……她用心感受这个世界,享受生命。她远比我们这些正常人活得幸福、活得充实、活得有意义! 知识给了她生活的勇气,给了她接受生命挑战的力量,使她能以惊人的毅力面对困境,最终在黑暗中找到了人生的光明。知识使她产生了一种信仰:现实环境固然可怕,但人类应该充满希望,不断奋斗。

人的一生是短暂的,我们似乎从未想过或不敢想象未来的世界,每日懒懒地生活,懒懒地工作,遇到困难就怨天尤人,抱怨上天不公。就这样年复一年,日复一日,时间如流水飞逝,过去的日子不再重现,当我们回首往事,是否值得留恋? 是否值得纪念? 假如,我们每一个人,都用知识点亮自己心中的灯,我相信,这个世界将是一片光明!

海伦·凯勒,用她艰难却幸福快乐的一生,诠释了生命的意义。她的一生是人类的奇迹,她的自传,使人汗颜,也使人警醒。

在这个世界上,为什么只有聋人才珍惜失而复得的听觉? 只有盲人才珍惜重见天日的幸福? 让我们珍惜生命中的每一天,去充实生命、去享受生活! 海伦·凯勒说:"我努力求取知识的目的在于为人类社会贡献一点力量。"

海伦·凯勒的一生,生活在黑暗中却给人类带来光明,她用行动证明了人类战胜生命的勇气,给世人留下了一曲永难遗忘的生命之歌!

目 录

第一部分

假如给我三天光明

海伦·凯勒在虚构的"三天"里所集中表现的,是对人类生活的高度礼赞。她在这篇文章中称颂了人类往昔的历程与现代的文明、灿烂的文化、沸腾的生活,以及壮美的大自然。

如果你不知道怎么去热爱生活,那就读读这篇文章吧!它会给你答案。

我们大家都读过这样一些扣人心弦的故事，里面的主人公只有一点有限的时间可以活了，有时长达一年，有时短到只有二十四小时。然而，我们总是能很感动地发现，这些注定要死亡的人是如何想办法度过他最后的几天或最后的几小时的。当然，我说的是有所选择的自由人，而不是活动范围受到限制的被判刑的罪犯。

　　这类故事使人们思索，很想知道我们在同样的境况下将会怎么办。我们作为必死的生物，处在这最后几小时内，会有一些什么样的遭遇、什么样的感受、什么样的联想呢？我们回顾往事，会找到哪些幸福、哪些遗憾呢？

　　有时我认为，如果我们像明天就会死去那样去生活，才是最好的规则。这样一种态度可以尖锐地强调生命的价值。我们每天都应该怀着友善、朝气和渴望去生活，但是，当时间在我们面前日复一日、月复一月、年复一年地不断延伸开去，这些品质常常就会丧失。当然，也有那些愿意把"吃吧，喝吧，及时行乐吧"作为座右铭的人，然而大多数人却被死神的即将来临所折磨。

　　在许多故事中，命运已定的主人公通常在最后一分钟，由于遭遇好运而得到拯救，然而他的价值观念几乎改变了。他更加领悟了生命及其精神价值的意义。我们常常可以看到，那些活在或者曾经活在死亡阴影中的人们，对他们所做的每件事情都赋予了一种醇美香甜之感。

　　然而，我们大多数人都把人生视为当然。我们知道有一天我们必会死去，但我们总是把那一天想得极其遥远。我们处于精神活泼、身体轻快的健康状态，死亡简直是不可想象的，我们难得想到它。日子伸延到无穷无尽的远景之中，所以，我们总是做些无价值的工作，几乎意识不到我们对生活的懒洋洋的态度。

　　我担心，我们全部的天赋和感官都有同样的懒惰的特征。只有聋人才珍惜听觉，只有盲人才能体会到重见天日的种种幸福。这种看法特别适用于那些成年后失去视觉和听觉的人。但是，那些在视觉或听觉上没有遭受损害的人，却很少能够充分地利用这些可贵的感官。他们的眼睛和耳朵模模糊糊地吸收了一切景色和声音，他们并不专心也很少珍惜它们。我们并不感激我们所拥有的，直到我们丧失了它；我们意识不到我们的健康，直到我们生了病——自古以来，莫不如此。

我常想，如果每个人在他的初识阶段患过几天盲聋症，这将是一种幸福。黑暗会使他更珍惜视觉；哑默会教导他更喜慕声音。我时常测验我那些有视觉的朋友，看他们究竟看见了什么。

前几天，一位很要好的朋友来探望我，她刚从树林里远足而来，于是我就问她观察到一些什么。"没有什么特别的。"她回答说。要不是我惯于听到这样的回答（因为我很久之前就已确信有视觉的人看到得很少），我一定会感到难以置信。

在树林中穿行一个小时，却没有看到什么值得注意的东西，这怎么可能呢？我自问着。我这个不能用眼睛看的人，仅仅凭借触觉，就能发现好几百种使我感兴趣的东西。我用双手亲切地抚摸一株桦树光滑的外皮，或者一株松树粗糙不平的树皮。在春天，我摸着树枝，满怀希望地寻找蓓蕾，寻找大自然冬眠之后苏醒过来的第一个征兆。有时，我感觉到一朵花的可爱而柔润的肌理，发现它那不平常的卷曲。偶尔，如果我非常走运，将手轻柔地放在小树上，我可以感觉到小鸟在音律丰满的歌声中快乐地跳跃。我非常喜欢让小溪凉爽的流水从我张开的手指缝隙间急促地淌过。我觉得，松针或者海绵似的柔草铺就的茂盛葱郁的地毯，比豪华奢侈的波斯小地毯更受欢迎。对我来说，四季的盛景是一场极其动人而且演不完的戏剧，它的情节从我指尖一幕幕滑过。

有时，我的心在哭泣，渴望看到所有这些东西。如果我仅仅凭借触觉就能得到那么多的快乐，那么凭借视觉将可以领略到多少美啊！可是，那些有眼睛的人显然看到得很少。对于世界上充盈的五颜六色、千姿百态万花筒般的景象，他们认为是理所当然的。也许人类就是这样，极少去珍惜我们所拥有的东西，而渴望那些我们所没有的东西。在光明的世界中，视觉这一天赋才能，竟只被作为一种便利，而不是一种丰富生活的手段，这是多么可惜的啊！

　　假如我是个大学校长，我要开设一门必修课程，就是"怎样使用你的眼睛"。教授们将向他的学生讲授，怎样通过真正观看那些从他们面前过去而未被注意的事物，给他们的生活增添乐趣，这将唤醒他们沉睡而迟缓的天赋。

　　也许我能凭借想象来说明，假如给我哪怕三天的光明，我最喜欢看到一些什么。在我想的时候，也请你想一下吧，请想想这个问题，假定你也只有三天光明，那么你会怎样使用你自己的眼睛，你最想让你的目光停留在什么上面呢？自然，我将尽可能看看在我黑暗的岁月里令我珍惜的东西，你也想让你的目光停留在令你珍惜的东西上，以便在那即将到来的夜晚，将它们记住。

　　如果，由于某种奇迹，我可以睁眼看三天，紧跟着回到黑暗中去，我将会把这段时间分成三部分。

第一天

　　第一天，我要看人，他们的善良、温厚与友好使我的生活值得一过。首先，我希望长久地凝视我亲爱的老师——安妮·莎莉文·梅西太太的面庞。当我还是个孩子的时候，她就来到了我面前，为我打开了外面的世界。我不但要看到她面庞的轮廓，以便我能够将它珍藏在我的记忆中，而且还要研究她的容貌，发现她出自同情心的温柔和耐心的生动迹象，她正是以此来完成教育我的艰巨任务的。我希望从她的眼睛里看到能使她在困难面前站得稳的坚强性格，并且看到她那经常向我流露的对于全人类的同情。

　　我不知道什么是透过"灵魂之窗"，即从眼睛看到朋友的内心。我只能用手指尖来"看"一个脸的轮廓。我能够发觉欢笑、悲哀和其他许多明显的情感。我是从感觉朋友的脸来认识他们的。但是，我不能靠触摸来真正描绘他们的个性。当然，通过其他方法，通过他们向我表达的思想，通过他们向我显示出的任何动作，我对他们的个性也有所了解。但是我却不能对他们有较深的理解，而那种理解，我相信，通过看见他们，通过观看他们对种种被表达的思想和境况的反应，通过注意他们的眼神和脸色的反应，是可以获得的。

我身旁的朋友，我了解得很清楚，因为经过长年累月，他们已经将自己的各个方面揭示给了我；然而，对于偶然的朋友，我只有一个不完全的印象。这个印象还是从一次握手中，从我通过手指尖理解他们的嘴唇发出的字句中，或从他们在我手掌的轻轻划写中获得来的。你们有视觉的人，可以通过观察对方微妙的面部表情、肌肉的颤动、手势的摇摆，迅速领悟对方所表达的意思的实质，这该是多么容易、多么令人心满意足啊！但是，你们可曾想到用你们的视觉，抓住一个人面部的外表特征，来透视一个朋友或者熟人的内心吗？

我还想问你们：能准确地描绘出五位好朋友的面容吗？你们有些人能，但是很多人不能。有过一次实验，我询问那些丈夫们关于他们妻子眼睛的颜色，他们常常显得困窘，供认他们不知道。顺便说一下，妻子们还经常抱怨丈夫不注意自己的新服装、新帽子的颜色以及家中摆设的变化。

有视觉的人，他们的眼睛不久便习惯了周围事物的常规，他们实际上仅仅注意令人惊奇的和壮观的事物。然而，即使他们观看最壮丽的奇观，眼睛都是懒洋洋的。法庭的记录每天都透露出"目击者"看得多么不准确。某一事件会被几个见证人以几种不同的方式"看见"。有的人比别人看得更多，但没有几个人看见他们视线以内的一切事物。

啊，如果给我三天光明，我会看见多少东西啊！

第一天，将会是忙碌的一天。我将把我所有亲爱的朋友们都叫来，长久地望着他们的脸，把他们内在美的外部迹象铭刻在我的心中。我也将会把目光停留在一个婴儿的脸上，以便能够捕捉到在生活冲突所致的个人意识尚未建立之前的那种天真无邪的美。

我还将看看我的小狗们忠实信赖的眼睛——庄重、宁静的小司格梯、达吉，还有健壮而又懂事的大德恩，以及黑尔格。它们的热情、幼稚而顽皮的友谊，曾使我获得了很大的安慰。

在忙碌的第一天，我还将观察一下我的房间里简单的小东西，我要看看我脚下的小地毯的温暖颜色，墙壁上的画，将房子变成一个家的那些亲切的小玩意。我的目光将会崇敬地落在我读过的盲文书籍上，而那些能看的人们所读的印刷字体的书籍，会使我更加感兴趣。在我一生漫长的黑夜里，我读过的和人们读给我听的那些书，已经成为了一座辉煌的巨大灯塔，为我指示出了人生及心灵的最深的航道。

在能看见的第一天下午，我将到森林里进行一次远足，让我的眼睛陶醉在自然界的美丽之中，在几小时内，拼命吸取那经常展现在正常视力人面前的光辉灿烂的广阔奇观。自森林郊游返回的途中，我要走在农庄附近的小路上，以便看看在田野耕作的马（也许我只能看到一台拖拉机），看看靠着土地过活的悠然自得的人们，我将为光艳动人的落日奇景而祈祷。

当黄昏降临，我将由于凭借人为的光明看见外物而感到喜悦，当大自然宣告黑暗到来时，人类天才地创造了灯光，来延伸他的视力。在第一个有视觉的夜晚，我将睡不着，心中充满对于这一天的回忆。

第二天

有视觉的第二天，我要在黎明起身，去看黑夜变为白昼的动人奇迹。我将怀着敬畏之心，仰望壮丽的曙光全景，去看太阳唤醒沉睡大地的瑰丽景象。

这一天，我将向世界，向过去和现在的世界匆忙瞥一眼。我想看看人类进步的奇观，那变化无穷的万古千年。这么多的年代，怎么能被压缩成一天呢？当然是通过博物馆。我常常参观纽约自然史博物馆，用手摸一摸那里展出的许多展品，但我曾经一直渴望亲眼看看地球的简史和陈列在那里的地球上的居民——按照他们原有的生活环境描画的动物和人类，巨大的恐龙和剑齿象的化石。早在人类出现并以他短小的身材和有力的头脑征服动物王国以前，它们就漫游在地球上了；博物馆还逼真地介绍了动物、人类，以及劳动工具的发展经过，人类使用这些工具，在这个行星上为自己创造了安全牢固的家；博物馆还介绍了自然史的其他无数方面。

我不知道，有多少本文的读者看到过那个吸引人的博物馆里所描绘的那些栩栩如生的动物形形色色的样子。当然，许多人没有这个机会，但是，我相信许多有机会的人却没有利用它。在那里确实是使用你眼睛的好地方。有视觉的你可以在那里度过许多受益匪浅的日子，然而我，借助于想象中的能看见的三天，仅能匆匆一瞥。

我的下一站将是大都会艺术博物馆，因为它正像自然史博物馆显示了世界的物质外观那样，显示了人类精神的无数个小侧面。在整个人类历史阶段，人类对于艺术表现的强烈欲望几乎像对待食物、藏身处以及生育繁殖一样迫切。在这里，在大都会艺术博物馆巨大的展览厅里，埃及、希腊、罗马的精神在它们的艺术中表现出来，展现在我面前。

我通过手清楚地知道了古代尼罗河国度的诸神和女神的雕塑。我抚摸了帕特农神庙中的复制品，感到了雅典冲锋战士的韵律美。阿波罗、维纳斯以及双翼胜利之神萨莫色雷斯都使我爱不释手。荷马的那副粗糙有须的面容对我来说是极其珍贵的，因为他也懂得什么叫失明。我的手依依不舍地留恋罗马及之后的时代逼真的大理石雕刻，我的手抚摸遍了米开朗琪罗的感人的英勇的摩西石雕像，我感知到罗丹的力量，我敬畏哥特人对于木刻的虔诚。这些能够触摸的艺术品对我来讲，是极有意义的。然而，与其说它们是供人触摸的，毋宁说它们是供人观赏的，而我只能猜测那种我看不见的美。我能欣赏希腊花瓶的简朴的线条，但它的那些图案装饰我却看不到。

因此，这一天，给我光明的第二天，我将通过艺术来搜寻人类的灵魂。我会看见那些我凭借触摸所知道的东西。更妙的是，整个壮丽的绘画世界将向我打开，从富有宁静的宗教色彩的意大利早期艺术至带有狂想风格的现代派艺术。我将细心地观察拉斐尔、达·芬奇、提香、伦勃朗的油画。我要饱览保罗·委罗内塞的温暖色彩，研究埃尔·格列柯的奥秘，从科罗的绘画中重新观察大自然。

啊，你们有正常视力的人们竟能欣赏到历代艺术中这么丰富的意涵和美！在对这个艺术神殿的短暂的游览中，我一点儿也不能评论展开在我面前的那个伟大的艺术世界，我将只能得到一个肤浅的印象。艺术家们告诉我，为了达到深刻而真正的艺术鉴赏，一个人必须训练眼睛，必须通过经验学习判断线条、构图、形式和颜色的品质优劣。假如我有视觉从事这么令人着迷的研究，该是多么幸福啊！但是，我听说，对于你们有视力的许多人，艺术世界仍是个有待进一步探索的世界。

我十分勉强地离开了大都会艺术博物馆，它装纳着美的钥匙。但是，看得见的人们往往并不需要到大都会艺术博物馆去寻找这把美的钥匙。同样的钥匙还在较小的博物馆中甚或在小图书馆书架上等待着。但是，在我假想的有视觉的有限时间里，我应当挑选一把钥匙，能在最短的时间内去开启藏有最大宝藏的地方。

重见光明的第二晚，我要在剧院或电影院里度过。即使现在我也常常出席剧场的各种各样的演出，但是，剧情必须由一位同伴拼写在我手上。然而，我多么想亲眼看看具有迷人风采的哈姆雷特，或者穿着伊丽莎白时代鲜艳服饰的生气勃勃的福斯塔夫！我多么想注视哈姆雷特的每一个优雅的动作，注视精神饱满的福斯塔夫的大摇大摆！因为我只能看一场戏，这就使我感到非常为难，因为还有数十幕我想要看的戏剧。

你们有视觉，能看到你们喜爱的任何一幕戏。当你们观看一幕戏剧、一部电影或者任何一个场面时，我不知道究竟有多少人对于使你们享受它的色彩、优美和动作的视觉的奇迹有所认识，并怀有感激之情呢？由于我生活在一个限于手触的范围里，我不能享受到有节奏的动作美。但我只能模糊地想象一下巴甫洛娃的美，虽然我知道一点律动的快感，因为我常常能在音乐震动地板时感觉到它的节拍。我能充分想象那有韵律的动作，一定是世界上最令人悦目的一种景象。我用手指抚摸大理石雕像的线条，就能够推断出几分。如果这种静态美都能那么可爱，看到的动态美一定更加令人激动。我最珍贵的回忆之一就是，约瑟·杰佛逊让我在他又说又做地表演他所爱的瑞普·凡·温克尔时去摸他的脸庞和双手。

我多少能体会到一点戏剧世界，我永远不会忘记那一瞬间的快乐。但是，我多么渴望观看和倾听戏剧表演进行中对白和动作的相互作用啊！而你们看得见的人该能从中得到多少快乐啊！如果能看到仅仅一场戏，我就会知道怎样在心中描绘出我用盲文字母读到或了解到的近百部戏剧的情节。所以，在虚构的重见光明的第二晚，我没有睡成，整晚都在欣赏戏剧文学。

第三天

　　下一天清晨，我将再一次迎接黎明，急于寻找新的喜悦，因为我相信，对于那些真正看得见的人，每天的黎明一定是一个永远重复的新的美景。依据我虚构的奇迹的期限，这将是我有视觉的第三天，也是最后一天。我将没有时间花费在遗憾和热望中，因为有太多的东西要去看。第一天，我奉献给了我有生命和无生命的朋友。第二天，我去了解了人与自然的历史。今天，我将在当前的日常世界中度过，到为生活奔忙的人们经常去的地方去，而哪儿能像纽约一样找得到人们那么多的活动和那么多的状况呢？所以城市成了我的目的地。

　　我从我的家——长岛的佛拉斯特小而安静的郊区出发。这里，环绕着绿色草地、树木和鲜花，有着整洁的小房子，到处是妇女儿童快乐的声音和活动，是城里为生活奔忙的人们安谧的休憩地。我驱车驶过跨越东河上的钢制带状桥梁，对人脑的力量和独创性有了一个崭新的印象。忙碌的船只在河中嘎嘎急驶——高速飞驶的小艇，慢悠悠、喷着鼻息的拖船。如果今后还有看得见的日子，我要用许多时光来眺望这河中令人欢快的景象。我向前眺望，我的前面耸立着纽约——一个仿佛从神话的书页中搬下来的城市。多么令人敬畏的建筑啊！这些灿烂的教堂塔尖，这些辽阔的石砌钢筑的河堤坡岸——真像诸神为他们自己修建的一般。这幅生动的画面是几百万人民每天生活的一部分。我不知道，有多少人会对它回头投去一瞥？只怕寥寥无几。对这壮丽的景色，他们视而不见，因为他们对这一切太熟悉了。

我匆匆赶到那些庞大建筑物之一——帝国大厦的顶端，因为不久以前，我在那里凭借我秘书的眼睛"俯视"过这座城市，我渴望把我的想象同现实作一比较。我相信，展现在我面前的全部景色一定不会令我失望，因为它对我来说是另一个世界的景色。此时，我开始周游这座城市。首先，我站在繁华的街角，只看看人，试图凭借对他们的观察去了解一下他们的生活。看到他们的笑颜，我感到快乐；看到他们的严肃的决定，我感到骄傲；看到他们的痛苦，我充满同情。

我沿着第五大道散步。我漫然四顾，眼光并不投向某一特殊目标，而只看看万花筒般五光十色的景象。我确信，那些活动在人群中的妇女的服装色彩一定是一幅绝不会令我厌烦的华丽景色。然而如果我有视觉的话，我也许会像其他大多数妇女一样——对个别服装的时髦式样感到有兴趣，而对大量的灿烂色彩不怎么注意。而且，我还确信，我将成为一位习惯难改的橱窗爱好者，因为，观赏这些无数精美的陈列品一定是一种眼福。

从第五大道起，我开始环城游览——到公园大道去，到贫民窟去，到工厂去，到孩子们玩耍的公园去。我还将参观外国人居住区，进行一次不出门的海外旅行。我始终睁大眼睛注视幸福和悲惨的全部景象，以便能够深入调查，进一步了解人们是怎样工作和生活的。

我的心充满了人和物的形象。我的眼睛决不轻易放过一件小事，它争取密切关注它所看到的每一件事物。有些景象令人愉快，使人陶醉；但有些则是极其凄惨，令人伤感。对于后者，我绝不闭上我的双眼，因为它们也是生活的一部分。在它们面前闭上眼睛，就等于关闭了心房，关闭了思想。

　　我有视觉的第三天即将结束了。也许有很多重要而严肃的事情，需要我利用这剩下的几个小时去看，去做。但是，我担心在最后一个夜晚，我还会再次跑到剧院去，看一场热闹而有趣的戏剧，好领略一下人类心灵中的谐音。

　　到了午夜，我摆脱盲人苦境的短暂时刻就要结束了，永久的黑夜将再次向我迫近。在这短短的三天，我自然不能看到我想要看到的一切。只有在黑暗再次向我袭来之时，我才感到我丢下了多少东西没有见到。然而，我的内心充满了甜蜜的回忆，使我很少有时间来懊悔。此后，我摸到每一件物品，我的记忆都将鲜明地反映出那件物品是个什么样子。

　　我的这一番如何度过重见光明的三天的简述，也许与你假设知道自己即将失明而为自己所做的安排不一致。可是，我相信，假如你真的面临那种厄运，你的目光将会尽量投向以前从未曾见过的事物，并将它们储存在记忆中，为今后漫长的黑夜所用。你将比以往更好地利用自己的眼睛。你所看到的每一件东西，对你都是那么珍贵，你的目光将饱览那出现在你视线之内的每一件物品。然后，你将真正看到，一个美的世界在你面前展开。

　　失明的我可以给那些看得见的人们一个提示——对所有能够充分利用天赋视觉的人们一个忠告：善用你的眼睛吧，犹如明天你将遭受失明的灾难。同样的方法也可以应用于其他感官，聆听乐曲的妙音，鸟儿的歌唱，管弦乐队的雄浑而铿锵有力的曲调吧，犹如明天你将遭受耳聋的厄运；抚摸每一件你想要抚摸的物品吧，犹如明天你的触觉将会衰退；嗅闻所有鲜花的芳香，品尝每一口佳肴吧，犹如明天你再不能嗅闻品尝。充分利用每一个感官，通过自然给予你的几种接触手段，为世界向你显示的所有愉快而美好的细节而自豪吧！不过，在所有感官中，我相信，视觉一定是最令人快乐的。

第二部分

我的生活

　　我们总习惯把海伦·凯勒当做一个励志人物，仿佛她是一个对抗不公平命运的坚强无比的战士，可读她的自传，看到她用轻快淡然的笔调讲述她的一生，你会发现，她不像个战士，而只是一个沿着命运河顺流而下饱览人间胜景的少女。她的所有成就和成功，不是来源于她的抗争和勇气，而是来源于她对求知的狂热和对生活无限的热情。

第一章　张开心灵的眼睛

光明和声音

1880 年 6 月 27 日，我出生在美国的南部亚拉巴马州的塔斯甘比亚镇。

父系祖先来自瑞典，移民定居在美国的马里兰州。有件不可思议的事，我们的一位祖先竟然是聋哑教育专家。谁料得到，他竟然会有一个像我这样又盲又聋又哑的后人。每当我想到这里，心里就不禁大大地感慨一番，命运真是无法预知啊！

我的祖先自从在亚拉巴马州的塔斯甘比亚镇买了土地后，整个家族就在这里定居下来。据说，那时候由于地处偏僻，祖父每年都要特地从塔斯甘比亚镇骑马到 760 英里外的费城，购置家里和农场所需的用品、农具、肥料和种子等。每次祖父在赶赴费城的途中，总会写家书回来报平安，信中对西部沿途的景观，以及旅途中所遭遇的人、事、物都有清楚且生动的描述。直到今天，大家仍很喜欢一而再地翻看祖父留下的书信，就好像是在看一本历险小说，百读不厌。

我的父亲亚瑟·凯勒曾是南北战争时的南军上尉，我的母亲凯蒂·亚当斯是他的第二任妻子，年龄比父亲小很多。

在我病发失去视觉、听觉以前，我们住的屋子很小，总共只有一间正方形的大房子和一间供仆人住的小房子。那时候，依照南方人的习惯，他们会在自己的家旁边再加盖一间屋子，以备急需之用。南北战争之后，父亲也盖了这样一所屋子，他同我母亲结婚之后，住进了这个小屋。小屋被葡萄、爬藤蔷薇和金银花遮盖着，从园子里看去，像是一座用树枝搭成的凉亭。小阳台也藏在黄蔷薇和南方茯苓花的花丛里，成了蜂鸟和蜜蜂的世界。

祖父和祖母所住的老宅，离我们这个蔷薇凉亭不过几步。由于我们家被茂密的树木、绿藤所包围，所以邻居都称我们家为"绿色家园"。这是我童年时代的天堂。

在我的家庭老师——莎莉文小姐尚未到来之前，我经常独自一人，依着方型的黄杨木树篱，慢慢地走到庭园里，凭着自己的嗅觉，寻找初开的紫罗兰和百合花，深深地嗅着那清新的芳香。

有时候我也会在心情不好时，独自到这里来寻求慰藉，我总是把炙热的脸庞藏在凉气沁人的树叶和草丛之中，让烦躁不安的心情冷静下来。

我生命的开始是简单而普通的，就像每个家庭迎接第一个孩子时一样，大家都充满喜悦。为了要给第一个孩子命名，大家都绞尽脑汁，你争我吵，每个人都认为自己想出来的名字才是最有意义的。父亲希望以他最尊敬的祖先的名字"米德尔·坎培儿"做我的名字，母亲则想用她母亲的名字"海伦·艾培丽特"来命名。大家再三讨论的结果，是依照母亲的希望用我外祖母的名字。

先是为了命名争吵不休，之后，为了要带我去教堂受洗，大家又手忙脚乱，以至于兴奋的父亲在前往教会途中，竟把这个名字忘了。当牧师问起"这个婴儿叫什么名字"时，紧张又兴奋的父亲一时之间说出了"海伦·亚当斯"这个名字。因此，我的名字就不是沿用外祖母的名字"海伦·艾培丽特"，而变成了"海伦·亚当斯·凯勒"。

家里的人告诉我说，我在婴儿时期就表现出了不服输的个性，对任何事物都充满了好奇心，个性非常倔强，常常想模仿大人们的一举一动。所以，六个月时已经能够发出"茶"和"你好"的声音，吸引了每个人的注意。甚至于"水"这个字，也是我在一岁以前学会的。直到我生病后，虽然忘掉了以前所学的字，但是对于"水"这个字却仍然记得。

家人还告诉我，在我刚满周岁时就会走路了。我母亲把我从浴盆中抱起来，放在膝上，突然间，我发现树的影子在光滑的地板上闪动，就从母亲的膝上溜下来，自己一步一步地、摇摇摆摆地去踩踏那些影子。

然而好景不常，幸福的时光总是结束得太早。在次年可怕的2月里，我突然生病，高烧不退。医生们诊断的结果，是急性的胃充血以及脑充血，他们宣布无法挽救了。但在几天后的一个清晨，我的高烧突然退了，当时全家人对于这种奇迹的发生惊喜得难以言喻，没人会想到从那以后我会失去视力和听力。

至今，我仍能够依稀记得那场病，尤其是母亲在我高烧不退、昏沉沉痛苦难耐的时候，温柔地抚慰我，让我在恐惧中勇敢地度过。我还记得在高烧退后，眼睛因为干枯炽热、疼痛怕光，必须避开自己以前所喜爱的阳光，我面向着墙壁，或让自己在墙角蜷伏着。后来，视力一天不如一天，对阳光的感觉也渐渐地模糊不清了。

有一天，当我睁开眼睛，发现自己竟然什么也看不见，眼前一片黑暗时，我像被噩梦吓倒一样，全身惊恐，悲伤极了，那种感觉让我今生永远难以忘怀。

失去了视力和听力后，我逐渐忘记了以往的事，只是觉得我的世界充满了黑暗和冷清。一直到她——莎莉文小姐，我的家庭老师到来。她减轻了我心中的负担，重新带给我对世界的希望，并且打开我心中的眼睛，点燃了我心中的烛火。

　　虽然我只拥有过十九个月的光明和声音，但我却仍可以清晰地记得——宽广的绿色家园、蔚蓝的天空、青翠的草木、争奇斗艳的鲜花，所有这些一点一滴都铭刻在我的心版上，永驻在我的心中。

童年记忆

生病后几个月的事，我几乎都记不起来了，隐约记得我常坐在母亲的膝上，或是紧拉着母亲的裙摆，跟着母亲忙里忙外地到处走动。

渐渐地，我可以用手去摸索各种东西，分辨它们的用途。或者揣摩别人的动作、表情，来明了发生什么事，表达自己想说的、想做的，我渴望与人交流，于是开始做一些简单的动作，摇摇头表示"不"，点点头表示"是"，拉着别人往我这里，表示"来"，推表示"去"。当我想吃面包时，我就以切面包、涂奶油的动作表示。想告诉别人冷时，我会缩着脖子，做发抖的样子。

母亲也竭尽所能做出各种动作，让我了解她的意思，我总是可以清楚地知道母亲的意思。说实在的，在那漫长的黑夜里能得到一点儿光明，完全是靠着母亲的慈爱和智慧。

我也慢慢地明白了生活上的一些事。五岁时，我学会了把洗好的衣裳叠好收起来，把洗衣店送回的衣服分类，并能认出哪几件是自己的。从母亲和姑母的梳洗打扮动作，我知道她们要出去，就求她们带着我。亲戚朋友来串门，我总被叫来见客人。他们走时，我挥手告别，我还依稀记得这种手势所表示的意义。

记得有一次，家里即将有重要的客人来访，从门的启闭，我知道了他们的来到。于是，我趁着家人不注意时，跑到母亲的房间，学着母亲的样子在镜子前梳妆，往头上抹油，在脸上擦粉，把面纱用发夹固定在头发上，让面纱下垂轻盖在脸上，之后，我又找了一件宽大的裙子穿上，完成一身可笑的打扮后，也下楼去帮他们接待客人。

已经记不清楚什么时候开始发现到自己与众不同了，这应该是在莎莉文老师到来之前的事。我曾注意到母亲和我的朋友们都是用嘴巴在交谈，而不像我用手比画着。因此，我会站在两个谈话者之间，用手触摸他们的嘴巴，可是我仍然无法明白他们的意思。于是我疯狂地摆动四肢，蠕动嘴唇，企图与他们交谈，可是他们一点儿反应也没有。我生气极了，大发脾气，又踢又叫，一直到筋疲力尽为止。

我经常为了一些小事而无理取闹，虽然我心里也知道这样是不应该的，可是一有事情又来，我又急躁得控制不了。就像我常踢伤保姆艾拉，我知道她很痛，所以当我气消时，心里就觉得很愧疚。但是当事情又不顺我的心意时，我还是会疯狂地胡乱踢打。

在那个黑暗的童年时代，我有两个朝夕相处的伙伴，一个是厨师的女儿——玛莎·华盛顿，另外一个是一只名叫贝利的老猎狗。

玛莎·华盛顿很容易就懂得了我的手势，所以每次吩咐她做事情，她都能很快就完成。玛莎大概认为与其跟我打架，还不如乖乖地听话来得聪明，所以她都会很快而且利落地完成我交待的事。

我一向身体结实又好动，性情冲动又不顾后果。我非常了解自己的个性，总是喜欢我行我素，甚至不惜一战。那个时期，我跟玛莎在厨房度过了不少时光，我喜欢帮玛莎揉面团，做冰淇淋，或是喂喂火鸡，不然就是为了几个点心而争吵不休。这些家禽一点儿也不怕人，它们在我手上吃食，并乖乖地让我抚摸。

有一天，一只大火鸡竟把我手中的番茄给抢走了。也许是受火鸡的启发，不久，我和玛莎把厨娘刚烤好的饼偷走了，躲在柴堆里吃得一干二净。却不料吃坏了肚子，吐得一塌糊涂，不知那只火鸡是否也受到了这样的惩罚。

珍珠鸡喜欢在隐蔽处筑巢，我特别爱到深深的花丛里去找它们的蛋。我虽不能跟玛莎说"我要去找蛋"，但我可以把两手合成圆形，放在地上，示意草丛里有某种圆形的东西，玛莎一看就懂。若是有幸找到了蛋，我绝不允许玛莎拿着蛋回家，我用手势告诉她，她拿着蛋一摔跤就会打碎的。

回想童年、谷仓、马粮以及乳牛场，都给了我和玛莎无穷的快乐，我们简直像极乐园里的天使。当我跟玛莎到乳牛场时，挤牛奶的工人常常让我把手放在牛身上，有时候，也会让我把手放在牛的乳部，我也因为好奇而被牛尾打了好多次。

准备圣诞节也是一大乐事，虽然我不明白过节的意义，但是只要一想起诱人的美味，我就格外快乐。家人会让我们磨香料、挑葡萄干、舔干净那些搅拌过食物的调羹。我也模仿别人把长袜子挂起来，然而我并不真感兴趣，也没有那么大的好奇心，不像别的孩子天没亮就爬起来看袜子里装进了什么礼物。

玛莎·华盛顿也和我一样喜欢恶作剧。7月一个酷热的午后，我和玛莎坐在阳台的石阶上，玛莎把她像绒毛般的头发用鞋带扎起来，一束束的头发摸起来就像很多螺丝锥长在头上。而我一头长长的金黄色卷发。一个六岁，另一个大约八九岁。小的那个盲童就是我。

我们两个人坐在石阶上忙着剪纸娃娃。玩了不久我们便厌倦了这种游戏，于是就把鞋带剪碎，又把石阶边的忍冬叶子剪掉。突然，我的注意力转向玛莎那一头"螺丝锥"。一开始，玛莎挣扎着，不肯让我剪，可是我蛮横极了，抓着玛莎的"螺丝锥"不放，拿起剪刀就剪下去，剪完玛莎的头发，我也回报玛莎，让她剪我的头发，若不是母亲发现，及时赶来制止，玛莎很可能把我的头发统统剪光。

我的另一个玩伴贝利，也就是那只老猎狗，它很懒惰，喜欢躺在暖炉旁睡觉，一点也不爱陪我玩。它也不够精明，我尽力教它手语，但是它又懒、又笨，根本不懂我在干什么。贝利总是无精打采地爬起来，伸伸懒腰，嗅一嗅暖炉，然后又在另一端躺下，一点儿也不理会我的指挥。我觉得自讨没趣，便又去厨房找玛莎玩。

有一天，我不小心把水溅到围裙上了，便把围裙张开，放在卧室暖炉的余火边，想把它烘干，急性子的我觉得不够快，便把裙子放在暖炉上面。突然间，火一下子着了起来，燃着了围裙，把我的衣裳也烧着了。我狂叫起来，老奶奶维尼赶来，用一床毯子把我裹住，差点儿把我闷死，但火倒是灭了。除了手和头发之外，其余地方烧得还不算厉害。

大约也就是在这个时期，我发现了钥匙的妙处，对它的使用方法表现出浓厚的兴趣来。有一天早晨，我玩性大发，把母亲锁在储藏室里。仆人们都在屋外干活，母亲被锁在里边足有三个小时。她在里边拼命敲门，我却坐在走廊前的石阶上，感觉着敲门所引起的震动而咯咯笑个不停。然而经过这次恶作剧，父母决定要尽快请人来管教我，于是我的家庭教师——莎莉文小姐来了。但是本性难改的我，还是找机会把她锁在房间里。

有一次，母亲让我上楼送东西给莎莉文小姐，我回转身来砰的一下把门锁上，将钥匙藏在客厅角落的衣柜下。父母不得不搭了一架梯子让莎莉文小姐从窗户爬出来，当时我得意极了，几个月之后才把钥匙交出来。

爱的摇篮

大约在我五岁时，我们从那所爬满藤蔓的家园搬到了一所更大的新房子里。我们一家六口，父亲、母亲，两个异母哥哥，后来，又加上一个小妹妹，叫米珠丽。

我对父亲最初且清晰的记忆是，有一次，我穿过一堆堆的报纸，来到父亲的跟前。那时，他独自一个人举着一大张纸，把脸都遮住了。我完全不知道父亲在干什么，于是学着他的模样，也举起一张纸，戴起他的眼镜，以为这样就可以知道了。多年以后，我才了解，那些纸都是报纸，父亲是报纸的编辑。

父亲性格温和，仁慈而宽厚，非常热爱这个家庭。除了打猎的季节外，他很少离开我们。据家人描述，他是个好猎人和神枪手。除了家人，他的最爱就是狗和猎枪。他非常好客，几乎有些过分，每次回家都要带回一两个客人。

他还有一个爱好，就是种植瓜果。家人说，父亲栽种的西瓜和草莓是全村最好的。他总是把最先成熟的葡萄和最好的草莓给我品尝。也常常领着我在瓜田和果林中散步，抚摸着我，让我快乐。此情此景，至今依然历历在目。

父亲还是讲故事的能手，在我学会了写字之后，他就把发生的许多有趣的事情，用我学会的字，写在我的手掌上，引得我快乐地大笑起来。而最令他高兴的事，莫过于听我复述他讲过的那些故事。

1896 年，我在北方度假，享受怡人的夏天，突然传来了父亲逝世的消息。他得病时间不长，一阵急性发作之后，很快就去世了。这是我第一次尝到死别的悲痛滋味，也是我对死亡最初的认识。

应当怎样来描述我的母亲呢？她是那样的宠爱我，反而使我无从说起她。

从出生到现在，我拥有父母之爱，过着无忧无虑的生活，直到妹妹米珠丽加入到这个家庭中来，我的心开始不平静起来，满怀嫉妒。她坐在母亲的膝上，占去了我的位置，母亲的时间和对我的关心似乎也都被她夺走了。后来发生了一件事，使我觉得不但母爱受到分割，而且受了极大的侮辱。

那时，我有一个心爱的洋娃娃，我把它取名叫"南茜"。它是我溺爱和脾气发作时的牺牲品，浑身被磨得一塌糊涂。我常把她放在摇篮里，学着母亲的样子安抚她。我爱她胜过任何会眨眼、会说话的洋娃娃。有一天，我发现妹妹正舒舒服服地睡在摇篮里。那时，我正嫉妒她夺走了母爱，又怎么能够容忍她睡在我心爱的"南茜"的摇篮里呢？我不禁勃然大怒，愤然冲过去，用力把摇篮推翻。要不是母亲及时赶来接住，妹妹恐怕会摔死的。这时我已又盲又聋，处于双重孤独之中，当然不能领略亲热的语言和怜爱的行为以及伙伴之间所产生的感情。后来，我懂事之后，享受到了人类的幸福，米珠丽和我之间变得心心相印，手拉着手到处游逛，尽管她看不懂我的手语，我也听不见她咿咿呀呀的童音。

希　望

随着年龄的增长，我希望把自己的思想情感表达出来的愿望更加强烈。几种单调的手势，也越发不敷应用了。每次手语无法让别人了解我的意思时，我都要大发脾气。仿佛觉得有许多看不见的魔爪在紧紧地抓着我，我拼命地想挣脱它们，烈火在胸中燃烧，却又无法表达出来，只好疯狂地踢打、哭闹，在地上翻滚、吼叫，直到精疲力竭。

母亲若在旁边，我就会一头扑到她怀里，悲痛欲绝，甚至连为何发脾气都给忘了。日子越来越难熬，表达思想的愿望越来越强烈，以至每天都要发脾气，有时甚至每隔一小时就闹一次。

父母亲忧心如焚，却又手足无措。在我们居住的塔斯甘比亚镇附近根本没有聋哑学校，而且也几乎没有人愿意到如此偏僻的地方，来教一个又盲又聋又哑的孩子。当时，大家都怀疑，像我这样的人还能受教育吗？然而母亲从阅读狄更斯的《美国札记》中看到了一线希望。

狄更斯在《美国札记》一书中提到一个又聋又盲又哑的少女——萝拉，经由郝博士的教导，学有所成。然而，当母亲得知那位发明教育盲聋人方法的郝博士已经逝世多年，他的方法也许已经失传时，苦恼极了。郝博士是否有传人？如果有，他们愿意到亚拉巴马州这个偏远的小镇来教我吗？

六岁时，父亲听说巴尔的摩有一位著名的眼科大夫，治好了好几个盲人。父母立即决定带我去那里治眼睛。

这是一次非常愉快的旅行，我至今依然记忆犹新。在火车上我交了很多朋友。一位妇女送给我一盒贝壳，父亲把这些贝壳穿孔，让我用线一个一个串起来。很长一段时间，这些贝壳带给我无限的快乐和满足。列车员和蔼可亲，他每次来查票或检票时，我可以拉着他的衣角。他会让我玩他检票的剪子，那时，我就趴在座位的一角，把一些零碎的卡片打些小孔，玩几个小时也不厌倦。

姑妈用毛巾给我做了个大娃娃，可是却没有眼睛、耳朵、嘴巴、鼻子。这么个临时拼凑的玩意儿，即使孩子的想像力，也说不出那张脸是个什么样子。而没有眼睛，对我而言是一个莫大打击，我坚持让每个人想办法，可是最终还是没有人能为布娃娃加上眼睛。我灵机一动，溜下座位，找到姑母缀着大珠子的披肩，扯下两颗珠子指给姑母看，让她缝在洋娃娃的脸上。姑母拉着我的手去摸她的眼睛，核实我的用意。我使劲地点头。她缝上了珠子，让我兴奋不已。但没多久，我便对布娃娃失去了兴趣。

整个旅途中，吸引我的事层出不穷，我忙个不停，一次脾气也没有发。

到了巴尔的摩后，我们直接来到齐夏姆医生的诊所，医生热情地接待了我们。检查一番后，他表示无能为力，不过他鼓励我们，说我可以接受教育，并建议父亲带我去华盛顿找亚历山大·贝尔博士，说他也许会给我们提供有关聋哑儿童学校以及师资的资料。依照齐夏姆医生的建议，全家人又立刻启程去华盛顿。一路上，父母愁肠满腹，顾虑重重，而我却毫无觉察，只是感到来来往往到处旅行好玩极了。

那时，虽然我还是个不懂事的孩子，但我一同贝尔博士接触，就感到了他的温厚和热情。他把我抱在膝上，让我玩弄他的表。他让手表响起来，让我可以感觉表的震动。博士医术高明，懂得我的手势，我立刻喜欢上了他。当时我并没有意识到，这次会面竟会成为我生命的转折点，成为我开启生命，从黑暗走向光明，由孤独到充满温情的钥匙。

贝尔博士建议父亲写信给波士顿柏金斯学校校长安那诺斯先生，请她为我物色一位启蒙老师。柏金斯学校是《美国札记》中郝博士为盲、聋、哑人孜孜不倦工作的地方。

父亲立刻发了信。几个星期后就接到了热情的回信，告诉我们一个令人愉快的消息：教师已经找到了。这是1886年夏天的事，但等到莎莉文小姐来到我们家时，已经是第二年的3月了。

就这样，我像摩西走出埃及，站在西奈山的面前，一时灵感涌遍我的全身，眼前展现出无数奇景。我听到西奈山传来一个声音："知识给人以爱，给人以光明，给人以智慧。"

再塑生命的人

　　老师安妮·莎莉文来到我家的这一天，是我一生中最重要的一天。这是 1887 年 3 月 3 日，当时我才六岁零九个月。回想此前和此后截然不同的生活，我不能不感叹万分。

　　那天下午，我默默地站在走廊上。从母亲的手势以及家人匆匆忙忙的样子，猜想一定有什么不寻常的事要发生。因此，我安静地走到门口，站在台阶上等待着。

　　下午的阳光穿透遮满阳台的金银花叶子，照射到我仰着的脸上。我的手指搓捻着花叶，抚弄着那些为迎接南方春天而绽开的花朵。我不知道未来将有什么奇迹会发生，当时的我，经过数个星期的愤怒、苦恼，已经疲倦不堪了。

　　朋友，你可曾在茫茫大雾中航行过，在雾中神情紧张地驾驶着一条大船，小心翼翼地缓慢地向对岸驶去？你的心怦怦直跳，惟恐意外发生。在未受教育之前，我正像大雾中的航船，既没有指南针也没有探测仪，无从知道海港是否已临近。我心里无声地呼喊着：

"光明！光明！快给我光明！"恰恰正在此时，爱的光明照在了我的身上。

觉得有脚步向我走来，以为是母亲，我立刻伸出双手。一个人握住了我的手，把我紧紧地抱在怀中。我似乎能感觉得到，她就是那个来对我启示世间的真理、给我深切的爱的人——安妮·莎莉文老师。

第二天早晨，莎莉文老师带我到她的房间，给了我一个洋娃娃。后来我才知道，那是柏金斯盲人学校的学生赠送的。衣服是由年老的萝拉亲手缝制的。我玩了一会儿洋娃娃，莎莉文小姐拉起我的手，在手掌上慢慢地拼写"DOLL"这个词，这个举动让我对手指游戏产生了兴趣，并且模仿在她手上画。当最后能正确地拼写这个词时，我自豪极了，高兴得脸都涨红了，立即跑下楼去，找到母亲，拼写给她看。

我并不知道这就是在写字，甚至也不知道世界上有文字这种东西。我不过是依样画葫芦模仿莎莉文老师的动作而已。从此以后，以这种不求甚解的方式，我学会了拼写"针"（PIN）、"杯子"（CUP）、以及"坐"（SIT）、"站"（STAND）、"行"（WALK）这些词。世间万物都有自己的名字，是在老师教了我几个星期以后，我才领悟到的。

有一天，莎莉文小姐给我一个更大的新洋娃娃，同时也把原来那个布娃娃拿来放在我的膝上，然后在我手上拼写"DOLL"这个词，用意在于告诉我这个大的布娃娃和小布娃娃一样都叫做"DOLL"。

这天上午，我和莎莉文老师为"杯"和"水"这两个字发生了争执。她想让我懂得"杯"是"杯"，"水"是"水"，而我却把两者混为一谈，"杯"也是"水"，"水"也是"杯"。她没有办法，只好暂时丢开这个问题，重新让我练习布娃娃"DOLL"这个词。我实在有些不耐烦了，抓起新洋娃娃就往地上摔，把它摔碎了，我心中觉得特别痛快。发这种脾气，我既不惭愧，也不悔恨，我对洋娃娃并没有爱。在我的那个寂静而又黑暗的世界里，根本就不会有温柔和同情。莎莉文小姐把可怜的洋娃娃的碎布扫到炉子边，然后把我的帽子递给我，我知道又可以到外面暖和的阳光里去了。

我们沿着小路散步到井房，房顶上盛开的金银花芬芳扑鼻。莎莉文老师把我的一只手放在喷水口下，一股清凉的水在我手上流过。她在我的另一只手上拼写"WATER"——"水"字，起先写得很慢，第二遍就写得快一些。我静静地站着，注意她手指的动作。突然间，我恍然大悟，有股神奇的感觉在我脑中激荡，我一下子理解了语言文字的奥秘了，知道了"水"这个字就是正在我手上流过的这种清凉而奇妙的东西。

水唤醒了我的灵魂，并给予我光明、希望、快乐和自由。

井房的经历使我求知的欲望油然而生。啊！原来宇宙万物都各有名称，每个名称都能启发我新的思想。我开始以充满新奇的眼光看待每一样东西。回到屋里，我碰到的东西似乎都有了生命。我想起了那个被我摔碎的洋娃娃，摸索着来到炉子跟前，捡起碎片，想把它们拼凑起来，但怎么也拼不好。想起刚才的所作所为，我追悔莫及，两眼浸满了泪水，这是生平第一次。

那一天，我学会了不少字，譬如"父亲"（FATHER）、"母亲"（MOTHER）、"妹妹"（SISTER）、"老师"（TEACHER）等。这些字使整个世界在我面前变得花团锦簇，美不胜收。记得那个美好的夜晚，我独自躺在床上，心中充满了喜悦，企盼着新的一天快些来到。啊！世界上还有比我更幸福的孩子吗？

亲近大自然

　　1887 年 3 月，莎莉文老师走进了我的生命，让我在井房里张开了心灵的眼睛。其间各种往事至今记忆犹新。我整天用手去探摸我所接触到的东西，并记住它们的名称。我探摸的东西越多，对其名字和用途了解得越细，就越发高兴和充满信心，越发能感到同外界的联系。

　　繁花似锦的夏季来临，莎莉文小姐牵着我的手漫步在田纳西河的岸边，望着田野、山坡，人们正在田间地头翻土播种。我们在河边温软的草地上坐下，开始了人生新的课程。在这里，我明白了大自然施与人类的恩惠。我懂得了阳光雨露如何使树木在大地上茁壮成长起来；我懂得了鸟儿如何筑巢，如何繁衍，如何随着季节的变化而迁徙；也懂得了松鼠、鹿和狮子等各种各样的动物如何觅食，如何栖息。我了解的事情越多，就越感到自然的伟大和世界的美好。

　　莎莉文小姐先教会我从那粗壮的树木、那细嫩的草叶，还有我妹妹的那双小手领略美的享受，然后才教我画地球的形状。她把对我的启蒙同大自然联系起来，使我同花鸟结成愉快的伙伴。但是这期间却发生了一件事，让我发现大自然并不总是那么慈爱可亲。

那是一个明朗的清晨，我和老师散步到一个较远的地方。但在我们回家的路上，天气变得闷热起来，好几次我们不得不在路旁的树下小憩。最后一次歇息在离家不远的一棵野樱桃树下。树枝茂盛又好攀登，莎莉文老师用手一托，我就上了树，找个枝杈坐了下来。树上真是凉快舒畅，于是莎莉文小姐提议就在这儿吃午餐。我乐坏了，答应她一定安静地坐在那里，等她回去把饭拿来。

忽然间风云突变，太阳的温暖完全消失了，天空乌云密布，泥土里散发出一股怪味。我知道这是暴风雨来临之前常有的预兆。我感到一种不可名状的恐惧，一种同亲人隔绝、同大地分离的孤独感油然而生。我一动不动地坐着，紧紧地抱着树干，一阵阵发抖，心中祈盼着莎莉文小姐快快回来。

一阵沉寂之后，树叶哗啦啦齐声作响，强风似乎要将大树连根拔起。我吓得抱住树枝，惟恐被风吹走。树摇动得越来越厉害，落叶和折断的小树枝雨点般向我打来。虽然我急得想从树上跳下来，却又不敢动弹。我觉得大地在一阵一阵地震动，像有什么沉重的东西掉到了地上，这震动由下而上地传到了我坐着的枝干上。我惊恐到了极点，正要放声大叫时，莎莉文小姐赶到了，她抓住了我的手，扶我下来。我紧紧抱着她，为又一次接触到坚实的大地而高兴得发狂。我又获得了一种新的知识——大自然有时也会向她的儿女开战，在她那温柔美丽的外表下面还隐藏着利爪哩！

经过这次惊险后，我有很长一段时间不敢爬树，甚至一想到爬树就浑身发抖。直到有一天，我实在抵挡不住那繁花满枝、香味扑鼻的含羞树的诱惑，才克服了这种恐惧心理。

那是春天一个美丽的早晨，我独自坐在凉亭里看书，一股淡淡的香气迎面扑来，仿佛"春之神"穿亭而过。我分得出来那是含羞树的花香。我决定去看看，于是摸索到花园的尽头，含羞树就长在篱边小路的拐弯处。

在温暖的阳光照耀下，含羞树的花朵在阳光下轻舞，开满花朵的树枝几乎垂到青草上。那些美丽的花儿，只要轻轻一碰就会纷纷掉落。我穿过落英缤纷的花瓣，走近大树，站在那里愣了片刻，然后，我把脚伸到枝桠的空处，两手抓住枝干往上爬。树干很粗，抓不牢，我的手又被树皮擦破了，但我有一种美妙的感觉：我正在做一件奇妙的事。因此我不断往上爬，直到爬上一个舒适的座位。这个座位是很早以前别人造的小椅子，日久天长，已成了树的一部分。我在上面待了很长的时间，好像在天空中凌云的仙女一样。从那以后，我常在这棵月宫仙桂上尽兴玩耍，冥思遐想，遨游在美妙的梦境中。

了解"爱"的含义

现在，我已经掌握了语言的钥匙，急于想加以运用。

通常，有听力的孩子可以轻而易举地学习语言。别人嘴里说出来的话，他们可以轻松愉快地了解与学习，并且摹仿着说出口。但是，耳聋的孩子却必须经历无数的痛苦煎熬，慢慢才能学会。但无论如何艰辛，结果总是无比美妙。我从每一件东西的名称慢慢学起，由期期艾艾地发音，进展到可以在莎士比亚的十四行诗中进行无限美妙的想象。

起初，老师告诉我许多新鲜事，我很少发问。由于我知识有限，概念模糊，字词掌握得很少。随着我对外界的了解逐渐增加，词汇也多了，问题也就多了起来。我常常对一件事物一而再，再而三地探个究竟，想了解得更多些。有时从一个学习的新词，常常联想起以前发生的种种经历。

记得有一天早晨，我第一次问起"爱"这个字的意思。当时认识的字还不很多，我在花园里摘了几朵早开的紫罗兰送给莎莉文老师。她很高兴地想吻我，可我那时除了母亲外，不愿意让别人吻我。那时候，莎莉文小姐用一只胳膊轻轻地搂着我，在我手上拼写出了"我爱海伦"几个字。

"爱是什么？"我问。

莎莉文老师把我搂得更紧了，用手指着我的心说："爱在这里。"

我第一次感到了心脏的跳动，但对老师的话和动作依然迷惑不解，因为当时除了能触摸到的东西外，我几乎什么都不懂。

我闻了闻她手里的紫罗兰，一半儿用文字，一半儿用手势问道："爱就是花的香味吗？"

"不是。"莎莉文老师说。

我又想了想。太阳正温暖地照耀着我们。

"爱是不是太阳？"我指着阳光射来的方向问，"是太阳吗？"

当时在我看来，世界上没有比太阳更好的东西了，它的热力使万物苗壮生长。但莎莉文小姐却连连摇头，我真是又困惑又失望，觉得很奇怪，为什么老师不能告诉我什么是爱呢？

一两天过后，我正用线把大小不同的珠子串起来，按两个大的、三个小的这样的次序。结果老是弄错，莎莉文小姐在一旁耐心地为我纠正错误。弄到最后，我发现有一大段串错了，于是，我用心想着，到底应该怎样才能把这些珠子串好。莎莉文老师碰碰我的额头，使劲地拼写出了"想"这个字。

这时，我突然明白了，这个字原来指的是脑子里正在进行的过程。这是我第一次领悟到抽象的概念。

我静静地在那里坐了许久，不是在想珠子的排列方式，而是在脑海中用新的观念来寻求"爱"的解释。那天，乌云密布，间或有阵阵的细雨，突然间太阳突破云层，发出耀眼的光芒。

我又问老师："爱是不是太阳？"

"爱有点儿像太阳没出来以前天空中的云彩。"老师回答说。她似乎意识到我仍然是困惑的，于是又用更浅显、但当时我依然无法理解的话解释说："你摸不到云彩，但你能感觉到雨水。你也知道，在经过一天酷热日晒之后，要是花和大地能得到雨水会是多么高兴呀！爱也是摸不着的，但你却能感到她带来的甜蜜。没有爱，你就不快活，也不想玩了。"

刹那间，我明白了其中的道理——我感觉到有无数无形的线条正穿梭在我和其他人的心灵中间。

从一开始，莎莉文小姐就像对待听觉正常的孩子那样和我对话，惟一不同的是，她把一句句话拼写在我手上，而不是用嘴说。如果我无法明白那些用来表达思想的字句或成语时，她会提醒我；当我无法与别人沟通时，她也会从旁边立即提示我。

这种学习过程延续了许多年，一个耳聋的孩子根本无法在数月甚至数年间学会掌握最简单的日常生活用语，并且灵活运用。正常的孩子学说话是靠不断的重复和摹仿。在家里，听大人说话，脑子跟着活动，联想说话的内容，同时也学会表达自己的思想，但耳聋的孩子却无法自然地交流思想。莎莉文小姐意识到了这一点，用各种方法来弥补我的缺陷。她尽最大可能反反复复地、一字一句地重复一些日常用语，告诉我怎样和别人交谈。但过了很长一段时间，我才敢主动张口和别人交谈，又过了更长一段时间，才知道在什么场合说什么话。

聋人和盲人很难领会谈话中的细微之处。那些既聋又盲的人遇到的困难又会大多少倍啊！他们无法辨别人们说话的语调，没有别人的帮助，领会不了语气的变化所包含的意思。他们也看不见说话者的神色，而神色是心灵的自然流露。

喜悦和惊奇

我接受教育的第二个阶段是学习阅读。

刚能用字母拼几个字后，莎莉文老师就给我一些硬纸片，上面有凸起的字母。我很快就知道了，每一个突起的字都代表某种物体、某种行为或某种特性。我有一个框架，可以用所学到的字在上面摆出短句子。但我在用这些硬纸片排列短句之前，习惯于用实物把句子表现出来。比如我先找出写有"娃娃""是""在……上"和"床"的硬纸片，把每个硬纸片放在有关的物体上，然后再把娃娃放在床上，在旁边摆上写有"是""在……上"和"床"的卡片，这样既用词造了一个句子，又用与之有关的物体表现了句子的内容。

一天，莎莉文老师让我把"girl"（女孩）这个词别在围裙上，然后站在衣柜里，把"is"（是）、"in"（在……里）、"wardrobe"（衣柜）这几个词放在框架上，这成了一种我最喜欢的游戏。我和老师有时一玩就是几个小时，屋子里的东西常常都被我们摆成了语句。

这些拼卡游戏不过是进入阅读世界的最初阶段。不久，我开始拿起"启蒙读本",来寻找那些我已经认识的字。一旦找到一个认识的字，就像在玩捉迷藏时逮着一个人一样兴奋不已。就这样，我开始了阅读。

相当长的一段时间，我没有正规的课程。即使非常认真地学，也只是像玩游戏，而不像在上课。莎莉文小姐无论教我什么，总是用一些美丽的故事和动人的诗篇来加以说明。如果发现我有兴趣，就不断与我讨论，好像自己也变成了一个小女孩。孩子们讨厌的事，如学语法，做算术题，以及较为严格地解释问题，在她的耐心指导下，我做起来都兴趣盎然。这些都成了我最美好的回忆。

我无法解释莎莉文小姐对我的快乐和愿望所表现的极大耐心，或许是和盲人长期接触的缘故吧！她有一种奇妙的描述事物的才能。那些枯燥无味的细节，她一带而过，使我从不会感到乏味和腻烦；她也从来不会责备我是否忘了所交代的功课。她可以把枯燥无味的科学知识，生动逼真、循序渐进地解释给我，使我自然而然地记住她讲的内容。

我们经常坐在户外，在阳光照耀的树林里读书、学习。在这里，我学到的东西饱含着森林的气息——树脂的松香味混杂着野葡萄的芬芳。

坐在浓郁的树荫下，世界万物都是可供我学习的东西，都能给我以启迪。那些嗡嗡作响、低声鸣叫、婉转歌唱或开花吐香的万物，都是我学习的对象。青蛙、蚂蚱和蟋蟀常常被我捉住，放在掬起的手心里，静静地等候着它们的鸣叫。还有毛茸茸的小鸡、绽开的野花、木棉、河边的紫罗兰，那柔软的纤维和毛绒的棉籽，那微风吹过玉米田发出的飒飒声，玉米叶子互相碰撞的沙沙声，那被我们抓住的在草地上吃草的小马，它那愤怒的嘶鸣以及嘴里发出的青草气息，都深深烙印在我的脑海里。

有时候，天才刚刚亮，我就起身溜进花园里，晨雾笼罩着花草。谁能体会到把玫瑰花轻柔地握在手心里的无限乐趣；谁能知道百合花在徐徐的晨风中摇曳的美姿。采摘鲜花，有时会一下子抓到钻在花里的昆虫，我可以感觉到它们受到外界压力，举翅欲飞，发出的细微振动声。

我们也喜欢到果园去，在那里，7月初果子便成熟了。毛茸茸的大桃子垂到我的手中。一阵微风吹过树林，熟透了的苹果滚落在地。我把落到脚旁的苹果捡起来，用围裙兜着，把脸贴在苹果上，体味着上面太阳的余温，那种感觉是如此的美妙！我常快乐地跳跃着回家。

我们最喜欢散步到凯勒码头，那是田纳西河边一个荒芜破败的码头，是南北战争时为了部队登陆而修建的。我们在那里一待就是几个小时，一边玩一边学习地理知识。我们用鹅卵石造堤、建岛、筑湖、开河，虽然是玩乐，却也在不知不觉中上了一课。

莎莉文小姐给我讲述了我们这个又大又圆的地球，地球上的火山、被埋在地下的城市、不断移动的冰河以及其他许许多多奇闻轶事，我越听越觉得新奇。

她用黏土给我做立体的地图，我可以用手摸到凸起的山脊、凹陷的山谷和蜿蜒曲折的河流。这些我都很喜欢，但却总是分不清赤道和两极。莎莉文小姐为了更形象地描述地球，用一根根线代表经纬线，用一根树枝代表贯穿南北极的地轴，这一切都那么逼真，以至只要有人提起气温带，我脑子里就会浮现出许多一连串编织而成的圆圈。我想，假若有人骗我说白熊会爬上北极那根柱子，我想我会信以为真的。

算术是我唯一不喜欢的功课，一开始我便对数字不感兴趣。莎莉文小姐用线串上珠子来教我数数儿，通过摆弄草棍来学加减法。但是，每次总是摆不了五六个题，我就不耐烦了。每天做完几道算术题，我就会心安理得地认为自己已经尽到责任，应该可以出去找伙伴们玩了。

动物学和植物学，我也是用这种游戏的方式学习的。

一次，有一位先生寄给我一些化石，他的名字我已忘记。其中有美丽花纹的贝壳化石、有鸟爪印的砂岩以及蕨类植物化石。这些化石打开了我试图了解远古世界的心扉。我满怀恐惧地倾听莎莉文小姐讲述那些可怕的野兽，它们的名字古怪而且很难发音。这些猛兽在原始森林中到处游荡，撕断大树的枝叶当食物，最后默默无声地死在年代久远的沼泽地里。很长一段时间，我在梦中老梦见这些怪兽，那阴暗可怕的地质时期同现在形成了鲜明的对照。

现在的人们该是多么快乐啊！阳光普照大地，百花争芳吐艳，田野中回荡着我那匹小马悦耳的蹄声。

又有一次，有人送给我一个美丽的贝壳。老师就给我讲小小的软体动物是如何给自己建造如此色彩斑斓的安身之所的；在水波不兴的静谧的夜晚，鹦鹉螺是如何乘着它的"珍珠船"泛舟在蔚蓝的印度洋上的。我听得津津有味，惊讶不已。

在我学过了许许多多有关海洋动物生活习惯的知识和趣闻后，老师送给我一本名为《驮着房子的鹦鹉螺》的书，从书中我学到了软体动物的造壳过程。同时也让我领悟到，人类的大脑如同鹦鹉螺奇妙的套膜把从海水中吸收的物质，转换成身体的一部分一样，能吸收散在各处的知识，慢慢磨砺出一颗颗思想的珍珠。

从植物的生长，我也学到了很多东西。莎莉文老师为我买了一株百合花，放在阳光灿烂的窗台上。不久，一个个嫩绿、尖尖的花蕾伸展出来。花蕾外包着的叶子如同人的纤细手指一般，缓缓地绽放，好像不愿让人窥见里面艳丽的花朵。可一旦开了头，叶子张开的速度便加快了，但依然是井井有条，不慌不乱，一点不失原有的次序。

家里摆满了花盆的窗台上，有一个球形玻璃鱼缸。不知道谁在里面放了十一只蝌蚪。我兴奋地把手指放进水里，感觉到蝌蚪在手指间自由自在地游动。一天，一个胆大的家伙竟然跳出鱼缸，掉到地板上，等我发现时已经奄奄一息了。当我刚一把它放回水里，它就快速地潜入水底，快活地游起来。它既然曾经跳出鱼缸，见识过了世面，现在却心甘情愿地待在这倒挂在金钟花下的玻璃房子里，直到变成神气活现的青蛙为止。那时它就会跳进花园那头绿树成荫的池塘中，用它那优雅的情歌把夏夜变成音乐的世界。

就这样，我不断地从生命本身汲取知识。是莎莉文老师让我无忧无虑地生活在爱的喜悦和惊奇之中，让生命中的一切都充满了爱意。她从不放过任何一个机会，让我体味世间一切事物的美，她每时每刻都在动脑筋、想办法，使我的生活变得美好和更有意义。她认识到孩子的心灵就像溪水沿着河床千回百转，一会儿映出花朵，一会儿映出灌木，一会儿映出朵朵轻云，佳境不绝。她用尽心思给我引路，因为她明白，孩子的心灵和小溪一样，还需要山涧泉水来补充，汇合成大江大河，在那平静如镜的河面上映出连绵起伏的山峰，映出灿烂耀眼的树影和蓝天，映出花朵的美丽面庞。

每个老师都能把孩子领进教室，但并不是每个老师都能使孩子学到真正的东西。我的老师和我相亲相爱，密不可分，我永远也分不清，我对所有美好事物的喜爱，有多少是自己内心固有的，有多少是她赐予给我的。她已经成为我生活的一部分，我是沿着她的足迹前进的。我生命中所有美好的东西都属于她，我的才能、抱负和欢乐，无不由她的爱点化而成。

圣诞节

　　莎莉文小姐来到塔斯甘比亚后的第一个圣诞节成为我的空前盛事。家里的每个人都在为我准备一些意想不到的礼物，而更令人兴奋的是我和莎莉文小姐也在为其他人准备意外的礼物。

　　我高兴得不得了，猜想着人们到底会给我什么礼物。家人们也想尽办法逗引我，故意给我一星半点儿的暗示，或者一句半句不连续的话语，让我猜测。我和莎莉文小姐就玩着这猜谜游戏，我从中学会了许多词的用法，比上课学到的还要多得多。

　　每天晚上，我们整夜都围坐在暖烘烘的火炉前玩着猜谜游戏。圣诞节一天天临近，我们也越来越兴奋。

　　圣诞前夜，镇上的学生们邀请我与他们一起欢度佳节。教室中间立着一棵很漂亮的圣诞树，上面挂满了新奇的果子，在柔和的灯光下熠熠发光。那是一段幸福的时刻，我兴奋不已，围着圣诞树又蹦又跳。当我得知每一个孩子都可以得到一份礼物时，高兴极了。那些仁慈的人们让我分发礼物，我忙得不亦乐乎，甚至没有顾得上看看自己的礼物。我真巴不得圣诞节马上到来，我知道这些还不是家里人所暗示的东西，因为莎莉文小姐说，那些礼物要比这些好得多呢。她叫我耐心些，第二天一早就会知道是什么东西了。

那天夜里，也就是平安夜，我把长袜挂好，躺在床上，却久久无法入睡，想看看圣诞老人什么时候来，他会做些什么，后来，我实在困得不行，抱着晚上新得到的洋娃娃和白熊睡着了。第二天早上，我比谁都起得早，全家人都被我的"圣诞快乐"唤醒了。我不仅在长袜里找到了意想不到的礼物，在桌子上，椅子上，甚至门槛以及每个窗棂上，我几乎每迈出一步，都能碰到一件令我惊喜的圣诞节礼物。而当莎莉文小姐送给我一只金丝雀的时候，我更是高兴得无以言表。

我为这只金丝雀取名"蒂姆"。小蒂姆既灵巧又温顺，常常在我手指上跳来跳去，吃我用手喂的红樱桃。莎莉文小姐教会我如何喂养小蒂姆。每天早上吃完早饭后，我给它洗澡，把笼子打扫得干干净净，给它的小杯子里装满新鲜的草籽和从井房打来的水，然后再把一小捆繁缕草挂在它的跳架上。

一天早上，我把鸟笼放在窗台上，然后去打水给它洗澡。回来一开门，感觉到一只大猫从我的脚底下钻了出去。起初我并没在意，可是当我把一只手伸进笼子，没有摸到小蒂姆的翅膀，也没有触到它尖尖的小嘴时，我心里便明白了，我再也见不到我那会唱歌的小蒂姆了。

波士顿之行

我一生中的第二件大事，便是 1888 年 5 月的波士顿之行了。从做好出发前的各种准备，到与老师、母亲一同起程，旅途中的所见所闻，以及最后抵达波士顿的种种情形，一切都宛如昨日，历历在目。

这次旅行和两年前的巴尔的摩之行迥然不同。此时我已不再是当时那个易于激动兴奋，一会儿也闲不住地在车上跑来跑去的小淘气了。我安静地坐在莎莉文小姐身旁，专心致志地听她给我描述车窗外所见的一切：美丽的田纳西河，一望无际的棉花地，远处连绵的山丘，苍翠的森林和火车进站后蜂拥而至的黑人。他们笑着向火车上的旅客招手，来到一节节车厢叫卖香甜可口的糖果和爆米花。

坐在我对面位子上的是又大又破旧的布娃娃南茜，我为她穿上一件用方格花布新做的外衣，头戴一顶弄得很皱的太阳帽，一双用玻璃珠子做的眼睛目不转睛地直盯着我。有时老师讲述得不那么吸引人，我便想起了南茜，把她抱在怀里，不过我通常都相信她是熟睡了的。

这以后再也没有机会提到南茜了。它到达波士顿以后简直惨不忍睹，全身粘满了泥土——大概是我在车上逼迫它吃残屑，它怎么也不肯吃，而我偏要它吃，结果弄了一身泥。柏金斯盲人学校的洗衣女工看到娃娃这么脏，便偷偷地把它拿去洗了个澡。可我那可怜的南茜怎么经得起用水洗啊。等我再见到它时，已成了一堆烂棉花，要不是它那两个用珠子做的眼睛以怨恨的目光瞪着我，我简直都认不出它了。

火车终于进站，我们到达波士顿了，仿佛一个美丽的童话故事变成了现实。只是"从前"变成了"现在"，"很远很远的地方"变成了"近在眼前"。

一到柏金斯盲人学校，我就在那里和盲童交上了朋友。当我知道他们会手语时真是高兴极了，我终于可以用自己的语言同其他孩子交谈了，怎能不叫我高兴呢？在这以前，我一直像个外国人，得通过翻译同人说话。而在柏金斯盲人学校里，孩子们说的都是郝博士发明的手语，我好像回到了自己的国度。

过了好些日子，我才知道我的新朋友也都是盲人。我知道自己看不见，但却从来没有想到那些围着我又蹦又跳、活泼可爱的小伙伴们也看不见。至今还记得，当发觉他们把手放在我的手上和我谈话，读书也用手指触摸时，我是多么惊奇，又多么痛苦啊！虽然他们早已经告诉我，而我也知道自己身体上的缺陷，但我一直模模糊糊地认为，既然他们可以听到，必然是有某种"第二视觉"，万万没有想到，原来一个又一个孩子也像我一样一点儿也看不见。

但是他们是那么高兴，那么活泼，同他们一起沉浸在这种快乐的气氛中，我很快就忘掉了痛苦。

在波士顿，和盲童们在一起，使我感到好像在自己家里一样。日子一天天飞快地过去，我的生活被一个又一个的幸福时刻填得满满的。在波士顿期间，我们参观了克邦山，在那里，莎莉文小姐给我上了第一堂历史课。当我知道这座山就是当年英雄们激战的地方时，真是激动万分。我数着一级级台阶，越爬越高，心里面想象着英雄们奋勇攀爬，居高临下向敌人射击的情形。

第二天，我们乘船去普利茅斯。这是我第一次在海上旅行，也是第一次乘轮船。

海上的生活真是丰富而又热闹！但机器的隆隆声，使我感到像是在打雷，心想若下了雨，便不能在户外野餐了，心中一急，竟哭了起来。

普利茅斯最令我感兴趣的是当年移民们登陆时踩过的那块大岩石。用手摸着这块岩石，仿佛当年移民们艰苦跋涉的伟大事迹栩栩如生地展现在我眼前。在参观移民博物馆时，一位和蔼可亲的先生送给我一块普利茅斯岩石的模型。我时常把它握在手上，抚摸它那凹凸不平的表面、中间的一条裂缝以及刻在上面的"1620年"，脑海里浮现出早期英国移民的一桩桩可歌可泣的事迹。

他们的辉煌业绩在我幼小心灵里是多么崇高而伟大啊！在我心目中，他们是在异乡创建家园的最勇敢、最慷慨的人。他们不但为自己争取自由，也为其同胞争取自由。但是若干年后，我知道了他们的宗教迫害行为后，又使我深深地感到惊讶和失望。

在波士顿我认识了不少新朋友，其中有威廉·韦德先生和他的女儿，他们的农场靠近海边，我生平第一次到海边的沙滩上玩耍。沙子又硬又光滑，同布鲁斯特海滨的松软而尖锐、混合着海草和贝壳的沙子完全两样。韦德先生告诉我，许多从波士顿启航开往欧洲的大轮船都要经过这里。以后，我又多次见到他，他永远都那么和蔼可亲。说实在的，我之所以把波士顿称为"好心城"，就是他的缘故。

拥抱海洋

柏金斯盲人学校放暑假之前，莎莉文老师和好友霍布舍夫人已经安排好了，我们一起到科德角的布鲁斯特海滨度假。我兴奋极了，脑海里尽是未来愉快的日子，以及有关大海的各种神奇而有趣的故事。

那年暑假，我印象最深刻的就是大海。之前我一直没有机会接近海洋，甚至连海水的咸味都没有尝过。不过我曾在一本厚厚的叫做《我们的世界》的书中，读过一段有关大海的描写。使我对海洋充满了好奇，渴望能够触摸一下那茫茫的大海，感受一下那汹涌澎湃的波涛。当我知道我的夙愿终于就要实现时，小小的心脏激动得跳个不停。

她们替我换好游泳衣，我便迫不及待地在温暖的沙滩上奔跑起来，毫不犹豫地跳进冰冷的海水中。我感到巨浪的冲击和沉浮，令我快乐得有些战栗。突然，我的脚不小心撞上了一块岩石，随后一个浪头打在我头上。我伸出双手，拼命想要抓住什么东西，可是只有海水和一些缠在脸上的海草，无论我如何努力都无济于事。浪花好像和我玩耍一样，把我抛来抛去，弄得我晕头转向，真是太可怕了。在我的脚下没有了广大而坚实的土地，除了这陌生、四面八方向我涌来的海浪外，仿佛世上所有一切都已不复存在了，没有生命，没有空气，没有温暖，没有爱。

最后，大海似乎对我这个新的玩物厌倦了，终于又把我抛上了岸。莎莉文小姐立即紧紧地把我抱在了怀里。哦，多可亲、多温暖的怀抱啊！当我从恐惧中恢复过来后，第一句话就是："是谁把盐放在海水里的？"

同海水第一次接触，我就尝到了大海的厉害。打那以后，我便不敢下海了，就爱穿着游泳衣，坐在大岩石上去感受海浪对它的拍击，哪怕溅起的浪花把我淋成落汤鸡也没有关系。海浪的力量非常强大，整个海滩似乎都被撼动了，沙子中裹挟着的鹅卵石在海浪的拍击下沙沙作响，空气也随之颤动。海浪打在岩石上破碎了，退了下去，随后又聚拢过来，发起更猛烈的冲击。我一动不动地死死扒着岩石，任凭愤怒的大海冲击和咆哮！

我对海岸眷恋不舍，那种纯净、清新的气味，可以使人变得更清醒、更冷静。贝壳、卵石、海草以及海草中的小生物，都对我有无穷无尽的吸引力。

一天，莎莉文小姐在岸边浅水中捉到一个正在晒太阳的很奇特的家伙。那是一只长得很大的马靴蟹，我以前从未见过这种东西，好奇地去摸它，它怎么会把房子背在背上呢？我突然心生一念，把它拿回去喂养该有多好，于是我抓着它往回拖。大螃蟹很重，我费了九牛二虎之力，才拖了一里半路。

回到家里，我缠着莎莉文小姐把它放在井旁的一个我认为安全的水槽里。但是哪里想到，第二天早上到水槽边一看，螃蟹没有了！没有人知道它跑到哪里去了，也没有人知道它是如何溜走的。一时间我又气又恼，但是，渐渐地，我也认识到把那可怜的不会说话的东西圈在这里，既不仁义又不明智。想到它大概是重新回到大海里去了，我反倒高兴起来了。

山间秋季

那年秋天，我满载着美好的回忆，回到了南方家乡。每当我回想起这次北方之行，心中便充满了欢乐。

这次旅行似乎是我一切新生活的开始。清新、美丽的世界，把它所有的宝藏置于我的脚下，让我可以尽情地俯拾新的知识。我用整个身心来感受世界万物，一刻也闲不住。我的生命充满了活力，就像那些朝生夕死的小昆虫，把一生挤到一天之内。我遇到了许多人，他们都把字写在我手中来与我交谈，我们的思想充满了快乐的共鸣。这难道不是奇迹吗？我的心和其他人的心之间，原来是一片草木不生的荒野，现在却花红草绿，生气勃勃。

那年秋季，我和家里人是在离塔斯甘比亚大约十四英里的一座山上度过的。山上有我们家的一座避暑用的小别墅，名叫"凤尾草石矿"，因附近有一座早已被废弃的石灰石矿而得名，高高的岩石上有许多泉水，泉水汇合成三条小河，蜿蜒曲折，遇有岩石阻挡便倾泻而下，形成一个个小瀑布，像一张张笑脸，迎接客人。空旷的地方长满了凤尾草，把石灰石遮得严严实实，有时甚至把小河也盖住了。山上树木茂密，有高大的橡树，也有枝叶茂盛的长青树。树干犹如长满了苔藓的石柱，树枝上垂满了长青藤和寄生草，那柿树散发出的香气弥漫在树林的每一个角落，沁人心脾。有些地方，野葡萄从这棵树上攀附到那棵树上，形成许多由藤条组成的棚架，彩蝶和蜜蜂在棚架间飞来飞去，忙个不停。傍晚时分，在这密林深处的万绿丛中，散发出阵阵清爽宜人的香气，怎不叫人陶醉，使人心旷神怡呢！

我们家的别墅坐落在山顶上的橡树和松树丛中，虽然简陋，但环境优美。房子盖得很小，分为左右两排，中间是一个没有顶盖的长长的走廊。房子四周有很宽的游廊，风一吹过，便弥漫着从树上散发出的香气。我们的大部分时间是在游廊上度过的，在那里上课、吃饭、做游戏。后门旁边有一棵又高又大的白胡桃树，周围砌着石阶。屋前也有很多树，在游廊上就可以摸到树干，可以感觉到风在摇动树枝，树叶瑟瑟飘落。

经常有很多人来这里探望我们。晚上，男人们在篝火旁打牌、聊天、做游戏。他们夸耀自己打野禽和捉鱼的高超本领，不厌其烦地描述打了多少只野鸭和火鸡，捉住多少凶猛的鲑鱼，怎样用口袋捉狡猾透顶的狐狸，怎样用计捉住灵敏的松鼠，如何出其不意地捉住跑得飞快的鹿。他们讲得绘声绘色，神乎其神。我心想，在这些计谋多端的猎人面前，豺狼虎豹简直连容身之地都没有了。

最后，听得入了迷的人们散开去睡觉了，讲故事的人总是这样祝大家晚安："明天猎场上再见！"这些人就睡在我们屋外走廊临时搭起的帐蓬上。我在屋里甚至可以听到猎狗的叫声和猎人的鼾声。

破晓时分，我便被咖啡的香味、猎枪的撞击声以及猎人来回走动的脚步声唤醒，他们正在准备出发，我还可以感觉到马蹄的声音。

这些马是猎人们从城里骑来的，拴在树上过了一整夜，到早晨便发出阵阵嘶鸣，急于想挣脱绳索，随主人上路。猎人们终于一个个纵身上马，正如民歌里所唱的那样："骏马在奔驰，缰绳索索，鞭嘎嘎，猎犬在前，猎人啊！出征了。"

中午时分，我们开始准备午餐。在地上已经掘起的深坑里点上火，架上又粗又长的树枝，用铁线穿着肉串在上面烧烤。黑皮肤的仆人绕着火蹲着，挥动长长的枝条赶苍蝇。烤肉散发出扑鼻的香味儿，餐桌还未摆好，我的肚子就叽哩咕噜地叫开了。

正当我们热热闹闹地准备野餐时，猎人们三三两两地回来了。他们疲惫不堪，马嘴里吐着白沫儿，猎犬耷拉着脑袋跑得呼哧呼哧直喘，问有什么收获，却什么也没有猎到。

用餐时，每个人都自称看见了一只以上的鹿，而且是近在咫尺，眼看猎犬要追上，举枪要射击时，却突然不见了踪影。他们的运气真好像童话故事里的小男孩，那男孩说，他差点儿发现一只兔子，其实他看见的只是兔子的足迹。很快，猎人们便把不愉快的事统统丢到了脑后，大家围桌而坐。不过，端上来的不是鹿肉，而是烤牛肉和烤猪肉，谁让他们打不到鹿呢？

这年夏天，我在山上养了一匹属于自己的小马。我叫它"黑美人"，这是我刚看完的一本书的名字。这匹马和书里的那匹马很相似，尤其是那一身黑油油的毛和额上的白星简直是一模一样。我骑在它的背上度过了许多快乐的时光。马温驯时，莎莉文小姐就把缰绳松开，让它自由漫步。马儿一会儿停在小路旁吃草，一会儿又咬小树上的叶子。

上午我不想骑马时，早餐后就和莎莉文小姐到树林中散步。兴之所至，便故意让自己迷失在树林和葡萄藤之间，那里只有牛马踏出的小路。遇到灌木丛挡路，就绕道而行。归来时，我们总要带回几大束桂花、秋麒麟草、凤尾草等等南方特有的花草。

有时候，我会和米珠丽及表姐妹们去摘柿子。我不爱吃柿子，但我喜欢它们的香味儿，更喜欢在草丛和树叶堆里找它们。我们有时还去采各种各样的山果，我帮她们剥栗子皮，帮她们砸山核桃和胡桃的硬壳，那胡桃仁真是又大又甜！

山脚下有一条铁路，火车常在我们跟前疾驶而过，有时它发出一声凄厉的长鸣，把我们吓得连忙往屋里跑。妹妹却会紧张而且兴奋地跑来告诉我，有一头牛或一匹马在铁路上到处行走，却丝毫不为尖锐的汽笛声所动。

离别墅大约一英里之外，有一座高架桥，横跨在很深的峡谷上，枕木间的距离很大，走在桥上提心吊胆，就仿佛踩着刀尖。

我从来没有想过到那座桥上去走走，直到有一天，莎莉文小姐带着我和妹妹在树林中迷失了方向，转了好几个小时也没有找到路。

突然，妹妹用小手指着前面高声喊道："高架桥，高架桥！"其实，我们宁愿走其他任何艰难的小路，也不愿过这座桥。无奈天色将晚，眼前就这么一条近道，没有办法，我只好踮着脚，去试探那些枕木。起初还不算很害怕，走得也还很稳，猛然间，从远处隐隐约约地传来了"噗噗、噗噗"的声音。

"火车来了！"妹妹喊道。幸亏当时我们立刻趴在桥交叉的柱子上，不然很有可能葬身在铁轨之上。火车在我们头上呼啸而过，喷出的热气扑打在我们脸上，喷出的煤烟和煤灰呛得我们几乎透不过气来。火车奔驶而去，高架桥震动不已，人好像要被抛进万丈深渊。我们费了九牛二虎之力重新爬了上来，回到家时，夜幕早已降临，屋里空无一人，他们全都出动搜寻我们去了。

第二章　信心与希望

学会说话

　　1890 年春天，我开始学习讲话。我很早就有发出声音的强烈冲动。我常常把一只手放在喉咙上，一只手放在嘴唇上，发出一些声音来。对任何声音，我都抱有浓厚的兴趣。听到猫叫、狗吠，我都爱用手去摸它们的嘴。有人唱歌时，我爱用手去摸他们的喉咙；有人弹钢琴时，我爱用手去摸键盘。

　　在丧失听力和视力之前，我学说话是很快的，可自从得了那场病耳朵听不见后，我就说不出话了。我整天坐在母亲的膝上，把手放在她的脸上，这样也就可以感觉到她嘴唇的开合，觉得很好玩。虽然我早已忘了说话是怎么回事，但也学着大家的样子蠕动自己的嘴唇。家里人说我哭和笑的声音都很自然。

　　有时，我嘴里还能发出声音，拼出一两个单词，但这不是在和别人说话，而是在不由自主地锻炼自己的发音器官。只有一个字，在我发病后依然能记得，那就是"水"（water），我经常发成"Wa……wa"的声音，慢慢地这个字的意思也快忘掉了，直到莎莉文小姐开始来教导我，学会了用手指拼写这个字以后，也就不再发这个音了。

我早就知道，四周的人都用与我不同的方式在交流。甚至在知道耳聋的人也能学会说话之前，我已开始对自己的交流方法感到不满意了。一个人完全靠手语与别人交流，总是有一种被约束和受限制的感觉。我常常急得像小鸟使劲扑打翅膀那样，一个劲儿地鼓动嘴唇，想用嘴说话。家里人想方设法阻止我用嘴说话，怕我学不好会灰心丧气。但我毫不气馁。后来我偶然听到娜布·卡达的故事，更增强了学说话的信心。

1890年，曾教过萝拉的拉姆森夫人，刚从挪威和瑞典访问归来，随后来探访我。她告诉我，挪威有一个又盲又聋的女孩子，名叫娜布·卡达，已经学会了说话。她还没有给我讲完，我已心急如焚，暗自下定决心，要学会说话。我闹着要莎莉文小姐带我去波士顿找霍勒斯学校的校长萨拉·富勒小姐，请求她帮助我，教导我。这位和蔼可亲的女士愿意亲自教导我。于是我从1890年3月26日起，开始跟她学说话。

富勒小姐教的方法是——她发音的时候，让我把手轻轻地放在她的脸上，让我感觉到她的舌头和嘴唇是怎么动的。我很用心地模仿她的每一个动作，不到一小时便学会了用嘴说 M、P、A、S、T、L 这六个字母。

富勒小姐总共给我上了十一堂课。我一辈子也忘不了，当我第一次连贯地说出"天气很温暖"这个句子时是何等惊喜！虽然它们只是断断续续且期期艾艾的几个音节，但这毕竟是人类的语言。我意识到有一种新的力量，把我从灵魂的枷锁中释放出来。

耳聋的孩子如果迫切想用嘴说出那些他从来没有听过的字，想走出那死一般的寂静世界，摆脱那没有爱和温暖、没有虫鸣鸟叫、没有美妙音乐的生活，他就怎么也不会忘记，当他说出第一个字时，那像电流一样通遍全身的惊喜若狂的感觉。只有这样的人才知道，我是怀着多么热切的心情同玩具、石头、树木、鸟儿以及不会讲话的动物说话的；只有这样的人才知道，当妹妹能听懂我的招呼，那些小狗能听从我的命令时，我内心是何等喜悦！

如今我能用长有翅膀的言语说话了，再也不需要别人帮我翻译了，由此而得到的方便是无法用语言来形容的。现在我可以一边思考，一边说话，而从前用手指说话是无论如何也做不到这一点的。

但是，千万不要以为在这短短的时间内，我真的就能说话了。我只是学会了一些说话的基本要领，而且只有富勒小姐和莎莉文老师能够明白我的意思，其他人只能听懂其中很小一部分。在我学会了这些基本语音以后，倘若没有莎莉文老师的天才，以及她坚持不懈的努力，我不可能会如此神速地学会自然的言语。

最初，我夜以继日地苦练，才使我最亲近的朋友能听懂我的意思。随后，在莎莉文小姐的帮助下，我反反复复练习发准每一个字音，练习各种音的自由结合。一直到现在，她还是每天不断地纠正我不正确的发音。

只有那些曾经教导过聋哑孩童说话的人才能明白这意味着什么，也只有他们才能体会到我所必须克服的是什么样的困难。我完全是靠手指来感觉莎莉文小姐的嘴唇的，我用触觉来把握她喉咙的颤动，嘴的运动和面部表情，而这往往是不准确的。遇到这种情况，我就迫使自己反复练习那些发不好音的词和句子，有时一练就是几小时，直到我感觉到发出的音准确了为止。

我的任务是练习、练习、再练习。失败和疲劳常常将我绊倒，但一想到再坚持一会儿就能把音发准，就能让我所爱的人看到我的进步，我就有了勇气。我急切想看到他们为我的成功而露出笑容。

"妹妹就要能听懂我的话了"。这成了鼓舞我战胜一切困难的坚强信念。我常常欣喜若狂地反复念叨："我现在不是哑巴了。"一想到我将能够自由自在地同母亲谈话，能够理解她用嘴唇做出的反应，我就充满了信心。当我发现，用嘴说话要比用手指说话容易得多时，真是惊讶不已。为此，我不再用手语字母同人谈话了。但莎莉文小姐和一些朋友依然用这种方式同我交谈，因为同唇读法相比，手语字母更方便些，我理解得更快些。

在这里，也许我应该说明一下盲聋人所使用的手语字母。那些不了解我们的人似乎对手语有些困惑不解。人们给我读书或同我谈话时，采用聋人所使用的一般方法，用一只手在我手上拼写出单词和句子。我把手轻轻地放在说话者的手上，一方面不妨碍其手指的运动，另一方面又能很容易地感觉到他手指的运动。我的感觉和人们看书一样，感觉到的是一个个字，而不是单个的字母。同我谈话的人由于手指经常运动，因而手指运用得灵活自如，有些人字母拼写得非常快，就像熟练的打字员在打字机上打字一样。当然，熟练的拼写同写字一样，也成了我一种不知不觉的动作。

能用嘴说话以后，我便迫不及待地想赶回家。这一重要的时刻终于来到了，我踏上了归途。一路上，我和莎莉文小姐不停地用嘴说话，我不是为了说话而说话，而是为了抓紧一切时间尽量提高自己的说话能力。不知不觉火车已经进站了，只见家里人都站在站台上迎接我们。一下火车，母亲一下把我搂在怀里，全身颤抖着，兴奋得说不出一句话，默默无声地倾听我发出的每一个字音。小妹妹米珠丽抓住我的手，又亲又吻，高兴得一个劲儿地蹦跳。父亲站在旁边一言不发，但慈祥的脸上却露出极其愉悦的神色。直到现在，我一想到此情此景，就不禁热泪盈眶，真好像是以赛亚的预言在我身上得到了应验："山岭齐声歌唱，树木拍手欢呼！"

《霜王》事件

    1892 年冬天，一朵乌云笼罩了我的童年时代。我郁郁寡欢，长时间沉浸在痛苦、忧虑和恐惧之中，书本也对我丧失了吸引力。直到现在，一想起那些可怕的日子，我依然不寒而栗。我写了一篇题为《霜王》的短篇小说，寄给了柏金斯盲人学校的安那诺斯先生，没想到惹来了麻烦。为了澄清此事，我必须把事情的真相写出来，以讨回我和莎莉文小姐应该得到的公道。那是我学会说话后写出来的第一个故事。夏天，我们在山间别墅住的时间比往年都长，莎莉文小姐常常给我描述不同时节的树叶是如何美丽，这使我想起了一个故事，那是别人念给我听的，我不知不觉地记住了。当时我以为自己是在"创作故事"，于是热切地想在忘记以前把它写出来。我思绪如泉涌，下笔千言，完全沉浸在写作的快乐之中。流畅的语言、生动的形象在笔尖跳跃着，一字字一句句都写在了盲人用的布莱叶纸板上。

    现在，如果有什么文思毫不费劲地涌入我的脑海，那我敢断定，它一定不是我头脑中的产物，而是从别人那里捡来的东西。但是，那时候的我对这种观念界限很难分辨。就是现在，我也常常分不清楚，哪些是我自己头脑里的东西，哪些是别人写在书里的东西。我想，这也许是由于我对事物的印象大都是通过别人的眼睛和耳朵得到的缘故吧！

故事完成后，我念给莎莉文老师听。现在我还记得，自己是如何陶醉于那些精彩的段落，又是如何被那些念错还需要重念的字给困扰的。晚餐时，我又念给全家人听，大家都惊讶不已，没想到我能写得这么好，也有人问我是不是从哪本书里看到的。

这个问题使我感到很吃惊，因为我根本想不起有谁给我读过这篇小说。于是，我大声而且理直气壮地回答说："不是，这是我自己创作的，我要把他献给安那诺斯先生。"

随后，我重新抄写了一遍，并且依照他们的建议，将《秋天的树叶》改名为《霜王》，寄给了安那诺斯先生，祝贺他的生日。我做梦也没有想到，就是这一件生日礼物，给自己带了如此多的麻烦和残酷的折腾。

安那诺斯先生非常喜欢这篇小说，把它刊登在了柏金斯盲人学校校刊上。这使我得意的心情达到巅峰，但是很快地，我就跌到了痛苦与绝望的深渊。在我到波士顿没多久，有人就发现，《霜王》与玛格丽特·康贝尔小姐的一篇名叫《霜仙》的小说十分类似，这篇文章在我出世以前就已写成，收在一本名叫《小鸟和它的朋友》的集子中。两个故事在思想内容和词句上都非常相像，因而有人说我读过康贝尔小姐的文章，我的小说是剽窃来的。

起初，我并不了解这个问题的严重性，但当我了解以后，感到既惊讶又难过。我遭到了任何孩子都不曾遭受的痛苦。我感到羞耻，也使我最爱戴的那些人受人猜忌。这究竟是怎么一回事啊！我绞尽脑汁回想我在写《霜王》之前，到底读过什么书，是不是看过描写霜的文章或书籍。我已经不记得了，只是模糊记得有谁提到过杰克·费罗斯特这个人，只记得有一首写给孩子的诗，题目叫《霜的异想天开》，可是我并没有引用他们。

最初，安那诺斯先生相信我，虽然他也深受此事的困扰，还是对我很宽厚。但是，事情还是继续恶化，为了使他高兴，我强颜欢笑，尽量表现出一副神情愉快的样子。

庆祝华盛顿诞辰的活动时，在同学们演出的一场假面剧中，我扮演了谷物女神。我还记得，那天我穿着一身颇为漂亮的服装，头戴一个用色彩斑斓的秋叶扎成的花环，脚上和手上满是水果和谷物。但在所有这些花花绿绿热热闹闹的外表下面，我内心深处却充满了忧伤。

庆祝活动的前夕，学校的一位老师又问起那篇小说。我告诉他，莎莉文小姐曾和我谈到过杰克·费罗斯特和他杰出的作品。不知怎的，我说的某些话却使她认为我记得康贝尔小姐的小说《霜仙》。虽然我一再强调她理解错了，但她还是自以为是地把这一错误结论告诉了安那诺斯先生。

一向对我殷切照顾的安那诺斯先生听信了这位老师的话，认为我欺骗了他。对于我无辜的申辩充耳不闻。他认为或至少感觉，莎莉文小姐和我故意窃取别人的作品，以博得他的称赞。紧接着，我被带到一个由柏金斯盲人学校的老师和职工组成的"法庭"上，去回答问题。

他们把莎莉文小姐给支开，在"法庭"上，他们反复盘问我，使我感到他们是在迫使我承认有人给我读过康贝尔的小说《霜仙》。从他们提出的每一个问题中，我感觉到极大的不信任，而且我也感到安那诺斯先生正在以责备的眼光瞧着我。那种感受是无法用语言全部表达出来的。我的心怦怦乱跳，语无伦次地回答他们所提出的问题。虽然我知道这纯粹是一场可怕的误会，可是却无法减轻自己内心的痛苦。盘问结束让我离开时，我觉得头昏目眩，根本没有心思去留意莎莉文小姐的安慰和朋友们的鼓励。

那天晚上，我躺在床头号啕大哭，恐怕很少有孩子哭得像我那么伤心。我感到浑身发冷，心想也许我活不到明天早上了。这么一想，倒使我觉得安心了。现在想起来，如果这件事发生在年龄较大的时候，一定会使我精神崩溃的。幸好在这段悲苦的日子里，遗忘的天使赶走了我大部分的哀伤和忧虑。

莎莉文小姐从未听说过《霜仙》这篇小说，也没有听说过康贝尔小姐的那本书。于是她在贝尔博士的帮助下，仔细调查了这件事。最后发现，霍布金夫人在1888年有一本康贝尔小姐的书《小鸟和它的朋友》，正是那年夏天，我们和她正好在布鲁斯特一起度假。霍布金夫人已经找不到那本书了，不过她对我说，当时莎莉文小姐独自去度假，为了给我解闷，她常常从各种各样的书中找些有趣的故事念给我听。虽然她同我一样，不记得念过《霜仙》这篇小说，但她确信她曾从《小鸟和它的朋友》这本书中挑选小说给我念过。霍布金夫人解释说，她在把布鲁斯特的那所房子卖掉之前，曾处理了许多儿童读物，诸如小学课本、童话故事之类。《小鸟和它的朋友》或许也在那时给处理掉了。

那时候，故事对我没有意义，但故事中那些稀奇古怪的拼词，却引起我这个没有任何其他娱乐的孩子的兴趣。虽然当时讲故事的情景我现在一点儿也想不起来了，但我不能不承认，当时我曾极力想记住那些生词，待老师回来后，让她讲解给我听。

莎莉文小姐回来后，我没有跟她提起《霜仙》这篇小说，也许是因为她一回来就开始阅读《方德诺小爵士》，使我脑子里没有多余的空间来想及其他事。但霍布金夫人的确曾给我念了康贝尔小姐的那篇小说，在我忘掉了很久以后，它却自然而然地浮现在我脑海里，以致我丝毫没有觉得它是别人思想的产物。

在那些苦恼的日子里，我收到了许多向我表示同情和问候的来信。康贝尔小姐更是亲自写信鼓励我："将来总有一天你会写出自己的巨著，使许多人从中得到鼓舞和帮助。"

但是，这个美好的预言却一直未曾实现。从此以后，我再也不敢做文字游戏了，我总是提心吊胆，害怕写出来的东西不是自己的思想。在很长一段时间里，甚至给妈妈写信时，我都会被突如其来的恐惧所侵袭，总是一遍又一遍地反复念每一个句子，直到肯定确实不是那些书中读过的句子。如果不是莎莉文小姐坚持不懈地给予我鼓励，我也许再也不会去碰笔和纸了。

后来，我找来《霜仙》看了一遍，再看我那时写的一些信，结果发现我所用的字句和观点，与那本书有很多雷同之处，例如1891年9月29日给安那诺斯先生的信，感情和语言与康贝尔小姐的著作一模一样。而我写的《霜王》那篇小说，像其他许多信一样，从其中的一些段落和措辞可以看出，当时我的思想已经被这个故事所渗透了。

在信中，我假想自己是莎莉文小姐，向自己描述金黄色的秋叶："啊，夏日流逝，用什么来安慰我的寂寞，惟有那绚丽多彩的秋叶。"而这正是康贝尔小姐那篇小说中的句子。

把自己喜欢的句子同化，然后当作自己的想法一样把字句再另写出来，这种情况常常在我早年的信件和初期的作品中出现。在一篇描写希腊和意大利古城的文章中，套用了一些现在已经遗忘出处但是生动又变幻多端的描述。我知道安那诺斯先生非常喜欢古迹，对意大利和希腊更是情有独钟。因而我在读书时，便特别细心地从诗集和史书中摘录能取悦于他的片断，而安那诺斯先生在称赞我的这些描写古城的作文时也说："饶有诗意。"

但我不明白，他竟然相信一个又盲又聋的十一岁的孩子能写出这样的作品。不过，我也曾认为，不能因为作文中有别人的词句，就看成一文不值，这毕竟说明我已经能够运用清晰生动的文字，来表达我对美好且富有诗意的意境的欣赏了。

我的早期作品更像是一种智力训练，像所有年轻人一样，是经由模仿和吸收，逐渐学会把所想到的用文字表达出来。凡是在书中能引起我兴趣的东西，便会自觉或不自觉地记在脑子里，化为自己的东西。

史蒂文森曾经说过，初学写作的人，一般都会本能地摹仿自己最钦羡的作品，然后以一种惊人的变化力来转化它。哪怕是伟大的作家，也要经过多年的实践，才能驾御所有拥塞在思想里面道听途说的文字领域。

也许直到现在，我仍然没有走完这一过程。说真的，我常常分辨不清哪些是我自己的思想，哪些是我从书里看来的，书上的东西已成为我思想不可分割的一部分。这很像我刚学缝纫时的手法，我常常用破碎布拼凑成一套衣服，其中有鲜艳的绸缎和天鹅绒，但粗布头却占绝大部分，而且最显眼。同样，我的文章反映了我的一些粗糙的不成熟的思想，但其间也夹杂着别人闪光的思想和较为成熟的看法，这些都是我从书里得来并记在心里的。

依我看，写作的一个很大困难是，当自己所想到的东西，还不是很有条理，还处在感情和思想的边缘时，如何用所学到的语言来把它们表达出来。写作就像是摆七巧板，我们脑子里先有了一个图样，然后用语言把它描绘出来。但有时想出来的语句不一定合适，即便这样，我还是一次不行再来第二次，因为我知道，既然别人成功过，我也一定能成功，怎么能认输呢？

史蒂文森说："人如果生来就没有创作才能，那他一辈子也创作不出什么东西。"虽然我也许就是这样的人，但我还是希望有朝一日，我的拙笔能有长进，能把自己的思想和经历充分表达出来。我就是凭着这种希望和信念而坚持不懈地努力，战胜了《霜王》事件给我带来的痛楚。

从另一方面说，这桩不愉快的事件，对我也不无好处，它迫使我认真地思考有关写作的一些问题。唯一感到遗憾的是，它使我失掉了一位最好的朋友安那诺斯先生。

我在《妇女家庭杂志》上发表了《我的生活》以后，安那诺斯先生在写给麦西先生的一封信中说，当初发生《霜王》事件的时候，他就相信我是无辜的。他说，当时那个"法庭"是八人组成的：四个盲人，四个眼睛没毛病的人。其中四人认为我当时心里明白有人给我念过康贝尔小姐的那篇小说，其余的人则不然。安那诺斯先生说，他当时是站在后一种人一边的。

但不管怎么说，不管安那诺斯先生站在哪一方，当我走进那间屋子，发觉里面的人对我抱有怀疑态度时，我感到有一种敌对的气氛，有一种不祥的预感。后来发生的事果然证实了我的预感。在这以前，也正是在那间屋子里，安那诺斯先生经常把我抱在膝上，放下手里的工作，陪我玩上一阵子。我感觉得到，在发生那事件以后的两年中，安那诺斯先生相信我和莎莉文小姐是无辜的。后来不知是什么原因，他改变了看法。柏金斯盲人学校为什么要调查这件事，我也不大清楚，甚至连"法庭"成员的名字我也叫不出来，后来他们也不和我说话。当时我激动得顾不上去注意其他事情，只是心里感到很恐惧，一个问题也答不出来。的确，当时我几乎没想我该说些什么以及人们对我说了些什么。我把《霜王》这件事的始末，原原本本写出来，因为它对我早期的生活和教育影响极大，同时也是为了避免误解，我尽可能如实地叙述了所有有关的事实，既不想为自己辩解，也不想埋怨任何人。

事件发生后的那年夏天和冬天，我回到了家乡和亲人团聚，我很快乐，所有的忧愁都被我抛在了脑后。

夏天慢慢过去，秋天悄悄来临。地上满是深红色和金黄色的秋叶，花园尽头的葡萄架上一串串的葡萄，在阳光的照射下渐渐变成了酱紫色。我正是在这时开始写回忆自己生活经历的文章的，恰好是我写《霜王》那篇小说一年以后。

当时我对自己写的东西仍然心存疑虑，常常被那些可能不完全属于自己的思想所折磨，只有莎莉文小姐知道我内心的恐惧不安。我不知为什么变得那么敏感，总是竭力避免再提《霜王》。有时在谈话中，一种深层的意识闪过我的脑海，我轻声地对她说："我不知道这是否是我自己的。"有时候，我写着写着，就会自言自语地说："如果这又是跟很久以前别人的作品一样，该怎么办？"一想到这儿，我的手就抖个不停，这一天什么也写不下去了。即便是现在，我有时也感到同样的焦虑和不安。那次可怕的经历在我心灵上留下了永久性的后遗症，其含意我现在才开始理解。

莎莉文老师一直安慰我，并且尽力帮助我，为了使我能恢复往昔的自信，她鼓励我替《青年之友》写一篇《我的生活介绍》的短文。当时我只有十二岁，写这样的文章是很吃力的。现在回想起来，我那时似乎已经预见到了将会从这次写作中得到好处，否则我一定写不出来的。

我谨慎小心，但却不屈不挠地写了下去。莎莉文小姐在一旁鼓励并诱导我。她知道，只要我坚持写下去，就能重新树立信心，发挥自己的才能。在没有发生《霜王》事件以前，我像其他孩子一样，过着无忧无虑的生活，但后来变得沉默了，经常思考一些看不见的东西。过了一段时间，逐渐摆脱了那一段不愉快的经历给我投下的阴影，经过磨练，我的头脑比以前更清醒了，对生活有了更深刻的认识和理解。

世界博览会

    1893 年，我生活中的几件大事是，克利夫兰总统宣誓就职时，我去华盛顿旅行，后来又去尼亚加拉瀑布并参观了世界博览会。

    我们是在 3 月去尼亚加拉的。站立在瀑布边的高崖上，只觉得空气震动，大地颤抖，此时此地的心情非笔墨所能形容。

    许多人都感到奇怪，像我这样又盲又聋的人怎么也能领略尼亚加拉瀑布的奇观胜景。他们老是这样问我："你既看不见波涛汹涌澎湃，又听不见它们的怒吼呼啸，它们对你有什么意义呢？"其实，很明显的，它们对我的意义重大极了。正像"爱"、"宗教"和"善良"不能以斤称以斗量一样，它们的意义是无法估量的。

    这年夏季，我和莎莉文小姐以及贝尔博士一道，参观了世界博览会。我小时候许许多多的幻想，都变成了美妙的现实，这在我幼小的心灵上留下了极为美好的回忆。我每天都在想象着周游世界。今天，世界各地人民创造的各种奇迹都呈现在我的面前，我用手指去触摸每一样展品，触摸这些人类勤劳智慧的结晶。

我很喜欢去博览会的万国馆，就像是《天方夜谭》一样，充满了各种新奇的事物。那里陈列着欢乐神和象神的奇特市场，再现了书本中的印度。那里有开罗城的模型，有金字塔和清真寺，还有列队而行的骆驼，再过去是威尼斯的环礁湖。每天晚上，在城市和喷泉灯光的照耀下，我们泛舟湖中欣赏美景。我还上过一艘放置在微缩城外的北欧海盗船，以前在波士顿时，我曾登上一艘兵舰，不过使我感兴趣的还是这艘海盗船，因为这艘船上只有一个水手，他总管一切，不论是风平浪静还是狂风暴雨，他都勇往直前，百折不挠。他一面高喊"我们是海上英雄"，一面使出浑身解数与大海搏斗，表现出无比的自信和高昂的斗志。与此形成鲜明对照的是，现在的水手则完全成了机器的附庸。"人只对人感兴趣"，这也许是人之常情吧！

　　距离这艘船不远，有一艘"圣玛利亚"船的模型，我也仔细参观了一番。船长领我参观了当年哥伦布住的船舱，舱里的桌子上放着一个沙漏。这个小小的仪器在我的脑海里留下了难以磨灭的印象。因为它勾起了我一连串的想象：当绝望的水手们企图反叛的时候，这位英勇无畏的航海家看着一粒粒沙子往下漏，一定也感到焦躁不安吧？

　　世界博览会主席希尔博特姆先生特别照顾我，允许我抚摸展品，我就像当年皮扎罗掠夺秘鲁的财宝那样，迫不及待而又贪得无厌地用手指去触摸。每件展品都让我着魔，尤其是那些法国铜像，一个个栩栩如生，我疑惑他们是天使下凡，被艺术家们捉住而还以人形。

　　在好望角展览厅，我了解了许多开采钻石的过程。一有机会，我便用手去摸正在开动着的机器，以便清楚地了解人们是怎样称金刚石的重量，怎样切削和磨光宝石的。我在淘洗槽中摸着了一块钻石，人们连声称赞，说这是在美国参展的唯一的一块真钻石。

贝尔博士一直陪着我们，向我描述那些有趣的事物。在电器展览大厅里，我们参观了电话机、留声机及其他发明。贝尔博士使我们了解了金属线为什么不受空间和时间的限制传递信息，这就像普罗米修斯将火种带到人间一样伟大。

我们还参观了人类学展厅，最令我感兴趣的是古代墨西哥的遗迹——以及那个时代中留下来的唯一记录——粗糙的石器。石器往往是远古时代的唯一见证，是为那些还没有创造出文字的大自然的子孙竖立的丰碑，它们将永世长存。使我感兴趣的还有埃及的木乃伊，不过我对它敬而远之，没有敢用手去碰一碰。从古代遗物上，我了解到了有关人类发展的种种知识，其中许许多多都是我以前未曾听说过，或未曾在书中读到过的。

博览会上度过的这三个星期，使我的知识有了长足的进步，从童话故事和玩具迈到了对现实世界中真实而平凡事物的热爱。

求　学

　　1893年10月以前，我杂乱无章地自学了许多东西，读了有关希腊、罗马和英国的历史。我有一本凸字版的法语语法书。我已经懂得了一点点法语，常常用所学到的新词在脑子里做练习，自娱自乐，对于语法规则或其他用语不很注意。那本语法书对一些词注了音，在没有任何人帮助的情况下，我试着去掌握法语的发音。当然，这对我来说实在太困难了，就好比企图以微弱的力量去获得巨大的成功，但却使我在雨天总算有点事可做，而且确实学会了一些语法，使我兴趣盎然地读拉·封丹的《寓言》和拉昔姆的《被强迫的医生》。

　　我也花了不少时间来提高说话的能力。我摸着书高声朗读给莎莉文小姐听，并且能背诵几段自己最喜欢的诗句。她不断地纠正我的发音，告诉我在哪儿断句，怎样转调。直到1893年10月，我从参观世界博览会的疲劳和兴奋中恢复过来，才开始在固定的时间上课，学习固定的课程。

那时，莎莉文老师和我正在宾夕法尼亚州的休尔顿市，我们专程去探访韦德先生一家人。他们的邻居艾伦先生是一位出色的拉丁语学家。所以，我就在他的门下开始学习拉丁文。

我仍然记得他是一位温和且博学的人，主要教我拉丁语的语法，但偶尔也教我算术。我觉得算术既困难又乏味。艾伦先生和我一起阅读坦尼森的《回忆》一书，我虽然读过很多书，但从来没有用评论的眼光去读。这是我第一次学会如何了解一位作者，识别其文风，这种感觉就像和老朋友握手一样，既亲切又温和。

最初，我不怎么愿意学拉丁语语法。因为学语法得浪费时间去分析每一个字，什么名词、所有格、单数、阴性等等，真是烦琐死了。我想，也许我该用生物学的分类法来了解我养的那只猫吧。目：脊椎动物；部：四足动物；纲：哺乳动物；种：猫。具体到我那只，则名叫塔比。但随着学习的深入，兴趣则越来越浓，拉丁文的优美使我陶醉了。我常常念拉丁文的文章来做消遣，有时则利用认识的单词造句。直到现在，我仍然没有放弃享受这种消遣。我认为没有什么比得上用刚刚学会的文字来表达稍纵即逝的印象和感情更美的了，就像让变化多端的幻想，去塑造掠过心灵空洞的观念，并且为它涂上多样的色彩。

当我返回亚拉巴马州时，修学的拉丁文，刚好用来阅读凯撒的《高卢战记》。

伤心与希望

1894年夏天，我出席了在夏达奎市举行的"美国聋人语言教学促进会"的第一次会议。在那里，我被安排进入纽约市的莱特—赫马森聋人学校上学。

1894年10月，我由莎莉文小姐陪同前往就读。我特别选择这所学校的原因，是为了提高语音和唇读的能力。除了这些内容以外，在学校的两年中，我还学了数学、自然、地理、法语和德语。

我的德语老师瑞米小姐懂得手语。我稍稍学了一点儿德文后，便时常找机会用德语交谈，几个月之后，我差不多能全部明白她所说的了。第一年结束时，我已经可以愉快地阅读《威廉·泰尔》这部小说了。的确，我在德语方面的进步比其他方面都要大。

相比较而言，我觉得法语要比德语难得多。教我法语的是奥利维埃夫人，这位法国妇女不懂手语字母，只能以口头教导我。而我要弄清嘴唇的动作，可不是那么容易的事，结果法语比德语进步慢得多。不过，我还是把《被强迫的医生》读了两遍。这本书虽然很有意思，但还比不上《威廉·泰尔》。

唇读和说话能力方面的进步，并没有像我和老师以前想象得那么大。我有强烈的信心，相信自己能够像其他人一样说话，而且老师也相信我能够达到这一目标。但是，尽管我十分努力，且充满信心地苦练，依然没有完全达到预期的效果。也许目标定得太高了，所以免不了要失望。

我仍旧把算术看得像陷阱一样可怕，问题出现后，喜欢"推测"而不去推理。这个毛病加上我的愚钝，给自己和老师带来了无穷无尽的麻烦。我不但时常胡乱推测，而且还武断地乱下结论。因此，愚笨之外再加学习不得法，我学算术的困难就更大了。

虽然这些失望常常使我情绪沮丧，但我对于其他功课，尤其是自然地理却有无穷的兴致。揭开自然界的奥秘是一大乐事，那些形象而生动的文字向我描述：风是怎样从四面八方吹来的，水蒸气是怎样从大地的尽头升起的，河流是如何穿过岩石奔流的，山岳是如何形成的，以及人类又是如何战胜比自己强大的大自然的。

我还特别记得，每天莎莉文老师和我都要到中央公园去。在纽约城里这座公园是我唯一喜欢的地方，在这座宏伟的公园里，我拥有很多的欢乐。每次跨进公园大门，我最喜欢人们给我描述它的景色。公园的四处景色怡人，变化多端，我停留在纽约的九个月中的每一天，它都是那么多姿多彩，令人愉悦。

春天里，我们到处漫游，泛舟赫德森河上，又登上绿草如茵的河岸，这里曾是布赖恩特吟咏的地方。我尤其喜欢它那纯朴而又宏伟的峭壁。我们的足迹遍布西点、塔里敦、华盛顿、欧文的故乡，我们曾在"睡谷"穿行而过。

莱特—赫马森聋人学校的老师们常常想尽各种办法，让聋哑儿童享受到普通孩子们所享有的各种学习机会，即使是我们之中很小的同学，也充分发挥他们被动记忆能力强等特点，以克服先天性缺陷所造成的限制。

在我离开纽约之前，凄惨的黑云突然笼罩天空——我陷入极大的悲戚之中，这种悲哀仅次于当年我父亲的逝世。波士顿的约翰·P·斯泡尔丁先生于1896年2月不幸逝世。只有那些最了解和敬爱他的人，才会了解他对我的友谊是何等重要。他是这样一种人——帮助了你，又不使你感到过意不去，对莎莉文小姐和我尤其如此。只要一想起他对我们慈爱和对我们困难重重的学习所给予的关切，我们就信心百倍。他的逝世给我们的生活所造成的真空，是永远填补不了的。

剑桥女子学校

1896 年的 10 月，我进入剑桥女子中学上学，为进入哈佛大学德克利夫学院做准备。

在还是个小女孩的时候，曾参观过卫斯理女子学院。那时，我对大家说："将来我一定要进大学，而且是哈佛大学。"

朋友们都很惊讶，哈佛大学的入学考试是众所周知的难，他们问我为何不愿进卫斯理女子大学，我回答说因为那里只有女学生。

上大学的念头已经在我心中根深蒂固，而且成为我最热切的愿望。我不顾许多真诚而又聪明的朋友们的反对，想跟正常的女孩子们一争高低。我决定进入剑桥中学，这是通往哈佛，实现我童年梦想的一条捷径。

在剑桥中学，莎莉文小姐跟我同堂上课，把老师讲授的所有东西翻译给我听。

老师们也没有教育聋哑孩子的经验，听她们的讲话，只有摸她们的嘴唇。一年级的课程有英国史、英国文学、德文、拉丁文、数学、拉丁文作文和其他科目。在此之前，我从未为进大学而专门学习某种课程，但我的英语在莎莉文小姐精心辅导下进步很大。不久教员们就认为，除了大学临时指定的几本书外，这项课程就不需要专门上课了。我曾在法文学习上打下了一些基础，学习过六个月的拉丁文，而学习时间最多的还是德文。

不过，莎莉文小姐不可能把所有该读的书本内容要点，都在我手上写出来，也没有办法轻而易举地把课本改为凸字版，以方便我使用。有时候，我必须把拉丁文用盲文抄下来，方便与同学们一起朗读。

老师们很快就习惯了我不完整的语言，并且能解答我所提出的问题，及时纠正我的错误。我在课堂上无法记笔记和做练习，于是在课后用打字机写作文和做翻译。

莎莉文小姐每天和我一起上课，以她无限的耐心把老师们所讲的都写在我手中。自修时间，她帮我从字典上查出生字，帮助我把没有凸字的笔记和课本反复阅读。这些事情的单调和枯燥是难以想象的。

德语老师葛洛和校长吉尔曼是学校里唯一学过手语来指导我的老师。虽然葛洛小姐拼字时，是如此缓慢和不得法，然而这是她的一片苦心。她辛辛苦苦地每星期为我上两节特别课，并把她的教学内容写出来，就能让莎莉文老师休息片刻。虽然每个人都这么仁慈地想帮助我，可惜的是，能使辛苦的工作变成快乐的只有一个人。

在这一年里，我学习了数学、拉丁语语法，阅读完恺撒《高卢战记》的前三章。在德语方面，在莎莉文老师的帮助下，阅读了席勒的《钟之歌》和《潜水者》、海涅的《哈尔茨山游记》、佛雷格的《腓特烈大帝统治时代散记》、里尔的《美的诅咒》、莱辛的《米娜·封彭尔姆》以及歌德的《我的一生》。这些德文书给我以极大的愉悦感，特别是席勒的那些美妙绝伦的抒情诗，腓特烈大帝的丰功伟绩的历史，以及歌德生平的记述，使我久久不能忘怀。《哈尔茨山游记》让人回味无穷，它用诙谐、引人入胜的语句描写了那盖满蔓藤的山冈，在阳光下汩汩奔流的小溪，那些富有传奇色彩的野蛮地区，还有神话中的灰姑娘——只有把自己的情爱嗜好完全融合在大自然中的人，才能写出如此生动的篇章。

吉尔曼先生教了我好几个月的英国文学。我们一起阅读了《皆大欢喜》，贝尔克的《调停美洲的演讲词》、麦考利的《塞缪尔·约翰逊传》。吉尔曼先生的历史和文学知识十分渊博，讲解起来出神入化，使学习变得兴趣盎然，是机械背诵和记笔记所无法比拟的。

在我所读过的政治著作中，伯克的《演讲》是最启发人的。我的心随着书中动荡的年代而心潮澎湃，许多重要的历史人物都纷纷展现在我眼前。我十分困惑的是，英王和大臣们为什么对伯克的预言充耳不闻。思想的火花和智慧的种子，竟然播种在无知与腐朽的草堆里，令人叹息。

麦考利的《塞缪尔·约翰逊传》读起来兴趣盎然，但情趣迥异。这个孤独者在克鲁勃大街忍受着苦难，却对那些卑微的劳苦大众给予慰藉，伸出援助的手臂。我为他的成功而欣喜，为他的错误而难过。我惊异的不是他这些过失，而是这些过失竟然未能使他的精神蒙受损伤。麦考利才华出众，他犀利的笔锋化腐朽为神奇，确实令人钦佩，然而他的自负有时却令我厌烦。还有他那迁就实用而牺牲真理的做法，我也是抱着怀疑的态度的。

在剑桥中学，我一生中头一次享受到和同龄、视听正常的女孩生活在一起的情趣。我同几个同学居住在临近校舍的一间房子里，好像住在家里一样。我们一起做游戏、捉迷藏、打雪仗。我们常常携手漫步，讨论功课，高声朗读美妙的作品。有些女孩也学会了手语，彼此之间的交流已经不需要莎莉文老师从中翻译了。

圣诞节到了，母亲和妹妹来和我共度节日。吉尔曼先生照顾我们，让米珠丽进入剑桥中学学习。因此，她就和我一起留在剑桥形影不离地度过了6个月快乐的时光。

1897年6月29日到7月3日，我参加了德克利夫学院的入学考试。考试的科目有初级和高级德语、法语、拉丁语、英语、希腊文，以及罗马史，考试时间共九个小时。我不但每科都及格了，而且德语和英语得了"优"。

在这里，我想描述一下当时考试的情形。每门功课总共有16分——初级考试12分，高级考试4分。每次至少要得到15分。试卷于早晨9点钟由专人从哈佛送到德克利夫。试卷上不写名字，只写号码，我的号码是233号。但因为我用打字机答卷，所以我的身份无法隐瞒。

为了避免打字机的声音吵扰别人，我独自一人在一个房间里考试。吉尔曼先生把试题用手语字母读给我听，门口有人守着。

第一天德语考试，吉尔曼先生坐在我身边，先把试卷通读一遍，我又一句一句地复述一遍，然后一句一句地读，以确保我所听到的正确无误。考题相当难，我用打字答题，心里十分紧张。吉尔曼先生把我打出的解答读给我听。我告诉他需要改的地方，由他改上去。这样的方便条件，在我以后的考试中再也没有过了。进了德克利夫学院以后，在考试时，我写完答案就没有人读给我听了。除非时间允许，否则我就没有机会加以改正。即使有时间，也只是根据我的记忆把要改正的统统写在卷子的末尾。如果我初试的成绩比复试好的话，那有两个原因：一是复试时没人把我打出的答案读给我听；二是初试的科目有些是进剑桥学校以前就有了一些基础的，因为在年初我就已通过了英语、历史、法语和德语的考试，试题是吉尔曼先生拿来的哈佛大学的旧考题。

吉尔曼先生把我的答卷交给监考人并写了一个证明，说明是我的（233号考生）答卷。

其他几门科目的考试，情况相仿，但都没有德语那样难。我记得那天拉丁文卷子交给我时，希林教授走来对我说，我的德语考试已通过，并且成绩很好，这使我信心倍增，轻松愉快而又得心应手地完成了后面的考试。

冲破逆境

在剑桥中学上二年级时，我内心充满了希望。但是，在最初的几个星期里，我却遇到了许多意想不到的困难。

吉尔曼先生同意我这学年主修数学，此外还必须完成天文、希腊文和拉丁文等科目。但不幸的是，课程已经开始了，而我所需要的许多书籍都未能及时得到凸字版，同时缺乏某些课程所必需的重要的学习器具。加上我所在班级人数很多，老师无法给我特别的辅导。莎莉文小姐不得不为我读所有的书并翻译老师的讲解。她这双灵巧的手已经胜任不了所担负的任务了，这是十一年来所未有的。

代数、几何和物理的算题按规定必须在课堂上做，但我无法做到。直到我们买到了一台盲文打字机，借助这架机器我可以"写"下解答的每一步骤。黑板上的几何图形，我的眼睛是看不见的。我弄懂几何图形概念的唯一方法，是用直的和弯曲的铅丝在坐垫上做成几何图形。至于图中的字母符号，以及假设、结论和证明的各个步骤，则完全靠脑子记忆。

总之，学习中处处是障碍。有时候心灰意冷到了极点，我还会乱发脾气，至今每念及此，我就惭愧万分。特别是回忆起为此而向莎莉文小姐发脾气时，心里格外羞愧。因为她不但是我的好朋友，而且是为我披荆斩棘的人。

渐渐地，这些困难都消失了，凸字书籍和其他的学习器具都陆续到达了，我又恢复了信心投入到学习中。

代数和几何是我需要努力去学习的两门课程。如前所述，我对数学没有悟性，加之许多观点无法如愿以偿得到满意的解释，这使我的代数成绩非常糟糕。我对几何图形更是头疼，即使在椅垫上拼了许多图形，我也分不清各部分的相互关系。一直到基思先生来教我数学时，我才有了突破。

谁知道，这些困难刚刚得到克服，又发生了一件意外的事情，使一切都发生了大变化。

在我的书本未到之前，吉尔曼先生已开始向莎莉文小姐指出，我的课程太重了，并且不顾我严肃的抗议，减少了我的课时。

起初，我们同意在必要的情况下，用五年时间来为考大学做准备。但第一学年结束后，我的考试成绩使莎莉文小姐、哈博女士（学校的教务长）以及另一位老师相信，我再学两年就可以完成考试的准备了。最初，吉尔曼先生也赞同这一点，但后来看到我的功课进展不够顺，又坚持让我必须再读三年。我不喜欢这个计划，因为我希望能同其他同学一起进入大学。

11月17日那天我有点儿不舒服，没有去上课。尽管莎莉文小姐向吉尔曼先生解释只是一点儿小小的毛病，但吉尔曼先生却认为我的身体被功课压垮了，于是将我的学习计划全面修改了，以致于使我不能跟着班上的同学一起参加期末考试。由于吉尔曼先生与莎莉文小姐发生意见分歧，母亲决定让我同妹妹米珠丽一同从剑桥退学。

经过这段周折，母亲请剑桥中学的基思先生担任我的辅导教师，指导我继续学习。1898 年 2 月至 7 月期间，基思先生每星期去伦萨姆两次，教授代数、几何、希腊文和拉丁文，莎莉文小姐担任翻译。

1898 年 10 月，我们回到波士顿。其后的八个月，基思先生每周教我五次，每次一小时。每次先讲解我上次课中不明白的地方，然后指定新的作业。他把我一周中用打字机做出的希腊文练习带回去仔细修改，然后再退还给我。

我为大学入学考试所进行的准备，就这样一直进行着。我发现，单独听课比在班级里听讲不但好懂而且轻松愉快，不需要跟在后面赶，也不会手忙脚乱。家庭教师有充裕的时间讲解我不明白之处，因此较之在学校学得更快更好。在数学方面，我的困难仍然比其它课程要多。代数和几何哪怕有语言和文学课一半容易也好！但即使是数学，基思先生也教得使人感兴趣，他把问题和困难减少到最低限度，使我能够完全理解。他使我思路敏捷，推理严密，能冷静而合乎逻辑地寻找答案，而不是不着边际地瞎想。1899 年 6 月 29 日和 30 日两天，我参加了德克利夫女子学院的入学考试的终试。

第一天考初级希腊文和高级拉丁文，第二天考几何、代数和高级希腊文。

学院不允许莎莉文小姐为我读试卷，请来了柏金斯盲人学校教师尤金·C·文尼先生，为我把试卷译成美国式盲文。文尼先生同我相识，除了使用盲文外，我们无法交谈。

盲文可以用于各种文字，但要用于几何和代数是有困难的。我被搞得精疲力竭，灰心丧气，浪费了许多宝贵的时间，特别是在代数上花的时间最多。我确实很熟悉美国一般人能用的三种盲文：英国式、美国式和纽约式。但几何和代数里的各种符号在这三种盲文里是迥然不同的，而我在代数中使用的只是英国式盲文。

考试前两天，文尼先生把哈佛大学旧的代数试题盲文本寄给我，但用的是美国式的盲文。我急了，马上给文尼先生写信，请他把上面的符号加以说明。很快地，我收到了另一份试卷和一张符号表。我着手学习这些符号。在考代数的前一天夜里我忙于运算一些复杂的习题，对于那些括号、大括号和方根的联合使用老是分辨不清。基思先生和我都有些泄气，为第二天的考试担心。考试时，我们提前到校，请文尼先生仔仔细细地把美国式盲文的符号给我们讲了一遍。

考几何的最大困难是我习惯于让人把命题拼写在我的手上。不知怎么的，尽管命题是正确的，但在盲文上看起来却很乱。到考代数时，困难就更大了，刚刚学过的符号，自以为是懂了，到考试时又糊涂了。而且，我看不见自己用打字机打出的文字。我原来都是用盲文来演算，或是用心算。基思先生过于着重训练我心算的能力，而没有训练我如何写考卷，因而我的解答做得非常慢，考试题目我要一遍又一遍地读才能弄清楚应该如何去做。说实在的，我现在也没有把握所有的符号自己都读过了。要细心把一切都弄对，确实太困难了，但是我不责备任何人。德克利夫学院的执事先生不会意识到我的考题是多么难，也无法了解我要克服的种种特殊困难。

不过，如果他们是无意地为我设置了许多障碍的话，我聊以自慰的是我终于把它们全都克服了。

入　学

　　虽然历尽艰难困苦，我的入学考试总算结束了，我随时可以进入德克利夫学院。然而，家人和朋友都建议，入学之前最好再由基思先生辅导一年。因此，直到1900年，我的大学梦才实现。

　　进德克利夫学院第一天的情景至今记忆犹新。这是我人生中最有意义的一天之一，对于这一天我曾经怀抱着无限的期望。我也知道，还会有许多障碍，但我决心要克服它。我牢记一句罗马座右铭："被驱逐出罗马，只不过是生活于罗马之外而已。"我不就是走不了寻求知识的康庄大道，而被迫去走那条荒无人迹的崎岖小路吗？我也知道，在大学里，我将有充分的机会同那些像我一样思考、爱憎和奋斗的姑娘们携手前进。

　　我热切地开始了大学生活。在我面前的是一个美丽而光明的新世界。我相信自己有能力掌控自己的命运，在心灵上像别人一样地自由。在我看来，大学的讲堂里应该充溢着先贤哲人的精神和思想，教授则是智慧的化身。

不过，我很快发现大学并非我所想象的那样浪漫。那些曾让我魂牵梦萦的梦想变得不再梦幻，而是褪去光环变成平淡无奇的普通日子。我逐渐发现上大学也有不利之处。

首先，让我感触最深的是没有时间来沉思，自我反省。以前，我常常独自静坐，聆听从心灵深处发出的美妙音乐。这音乐只有在安静闲暇之中才能听到。而现在，人们进大学似乎仅仅是为了学习，而不是思考。进入大学之门后，我就将许多最可宝贵的乐趣——孤独、游玩和想象——连同那飒飒作响的松树一起弃之门外了。或许，我应该这样来安慰自己：现在的忙碌是为了将来的享受，但我是个没有长远打算的人，宁要眼前的快乐也不愿未雨绸缪。

大学第一年的课程有法文、德文、历史、英语写作和英国文学。法文方面，我欣赏了高乃依、莫里哀、拉辛、阿尔弗、雷德·德米塞和圣·贝夫等名家的作品；德文方面读了歌德和席勒的作品。我很快就把从罗马帝国的灭亡到18世纪的历史复习了一遍；在英国文学方面，用批判的眼光研究了弥尔顿的诗歌和他的《论出版自由》。

我也常怀疑自己是如何克服进入大学后的种种具体困难的。在教室里，我单独一个人，教授好像遥不可及，莎莉文小姐尽可能将教授讲课的内容拼写在我的手上。然而在匆忙之中，讲课人的个性特点却丧失殆尽。对于那些急速地拼写到我手上的字，我就好像追逐野兔的猎犬，常常望尘莫及。在这方面，那些记笔记的女生并不比我好多少。一个人忙于一边机械地听讲，一边急匆匆地记笔记，是不可能把多少心思用在考虑讲课的主题或解决问题的方式方法上的。

我无法记笔记，因为我的手正忙于听讲。通常是回家后，才把脑子里记得的，赶快记下来。我做练习和每天的短篇作文、评论、小测验、期中考试及期末考试等，都是用打字机完成的。在我开始学习拉丁文韵律时，我自己设计了一套能说明诗的格律和音韵的符号，并详细解释给老师听。

我使用的打字机是哈蒙德牌的，这是最能适应我特殊需要的一种品牌。这种打字机可以使用活动字板，一部打字机有好几个活字板，有希腊文、法文或数学符号的，可根据每个人的需要而定。如果没有它，我简直不知道如何完成大学的学业。

我所学习的各种教材很少是盲文本的，因此，不得不请别人将内容拼写在我手中，于是预习功课的时间也就要比别的同学费时得多。有时，一点儿小事要付出很大的心血，不免急躁起来。一想到我要花费好几个小时才能读几个章节，而别的同学都在外面嬉笑、唱歌、跳舞，更觉得无法忍受。但是不多一会儿我就又振作起精神，把这些愤懑不平一笑置之。因为一个人要得到真才实学，就必须自己去攀登奇山险峰。既然人生的道路上是没有任何捷径的，我就得走自己的迂回曲折的小路。我滑落过好几次，跌倒，爬不上去，撞上意想不到的障碍就发脾气，接着又制服自己的脾气，然后又向上跋涉。每得到一点儿进步，便受到一份鼓舞。我不停地奋勇攀登，渐渐看见了更为广阔的世界。每次抗争都是一次胜利，再加一把劲儿，我就能到达璀璨的云端、蓝天的深处——我希望的顶峰。

在奋斗中我并非永远是孤独的，威廉·韦德和宾夕法尼亚盲人学院的院长艾伦先生，他们尽量为我提供所需要的浮凸印刷书籍。他们的关怀帮助，给了我莫大的鼓励。

在德克利夫学院学习的第二年，我学习了英文写作、英国文学、圣经、美洲和欧洲的政府制度、古罗马诗人霍勒斯的抒情诗和拉丁喜剧。写作课十分生动活泼、诙谐有趣。斯普兰是我最钦佩的讲师，他把文学作品的气势和风韵完全表述出来，用词准确而精美。他可以在短短的一小时内，让你陶醉到古代文学大师所创造的永恒的美当中去，使你沉迷于这些大师的高尚情操。他能使你全身心地领略《旧约》的庄严的美而忘了上帝的存在。当你走出教室回家时，你会感到你已"窥见精神和外形永恒和谐地结合，真和美在时间的古老枝干上长出了新芽"。

这一年是我最快乐的一年，我所学习的功课都特别有趣：经济学、伊丽莎白时代文学、乔治·L·基特里奇教授开的莎士比亚文学课、乔赛亚·罗伊斯教授主讲的哲学史。

透过哲学，一个人可以与那些远古时代朴素的思想家产生共鸣。但是，大学也并不是我想象的那个万能的文化古都雅典。在这儿，我无法遇到那些伟人和智者，无法感觉到他们的真实存在，只能从学问的缝隙之中一点一滴地汲取，加以解剖和分析，然后才能肯定他们是弥尔顿或者是以赛亚，而不是自作聪明的仿品。

领悟应该比理性的分析更为重要。许多学者似乎忘记了应该如何来领略那些伟大的文学作品，他们往往费了很大功夫进行讲解，却没有能在学生的头脑中留下多少印象。这种分析讲解往往如同成熟了的果实从枝头坠落一般，很快从我们心上掉落。即使我们了解了一朵花，了解了它的根枝叶，甚至它的整个生长过程，但是，我们也许仍然不懂得如何欣赏一朵带着露水的鲜花。我常常自寻烦恼："为什么要为这些说明和假设而费尽心思呢？"许多看似理性的说明和假设在脑海里飞来飞去，好像一群瞎眼睛的鸟徒劳地扇动它们的双翼。

我的意思并不是反对要对名著作透彻的理解，只是反对那些使人迷惑的无休止的评论和批评，因为它们只能给人一种印象：世界上有多少人就有多少观点。但是像基特里奇教授这样的大师讲授伟大诗人莎士比亚的作品时，则简直使人茅塞顿开。

有好多次我都想将学习的知识去掉一半，因为许多内容只让人白费力气，只让人心灵超载，而不能容纳那些真正有价值的知识珍宝。要想一天之内读四五种不同文字、内容迥异的书，而不失去重点，根本是不可能的。当一个人匆忙紧张地读书，就会在脑子里堆满各种杂乱的小玩意儿，一点儿用处也没有。目前，我脑子里就塞满了这些杂七杂八的东西，无法把它们整理出个头绪来。每当我进入自己心灵的王国时，就好像是闯进了瓷器店里的公牛，各种知识的碎片犹如冰雹一样朝我头上打来。当我设法躲过它们时，各种论文的鬼怪和校园的精灵就紧紧追赶上来，直到我祈求：请饶恕我那些"或许应该把顶礼膜拜的偶像统统砸碎"的荒唐想法吧！

大学生活中最恐怖的却要算各种各样的考试了，虽然我已顺利通过了许多次，把它们打翻在地，但它们又爬了起来，带着一副狰狞的面孔朝我扑来，吓得我灵魂出窍。考试的前几天我拼命地往脑子里塞各种神秘的公式和无法消化的年代资料——犹如强行咽下那些无法入口的食物，真想把自己连同书本和科学一起葬身海底，一死了事。

最后，可怕的时刻终于来临了。如果你看了试卷以后，觉得成竹在胸，并能把你需要的东西从脑海中召之即出，那你就是个幸运儿了。但常常是，无论你的军号吹得多么响也无人听见，记忆和精确的分辨能力在你最需要它们的时候，偏偏张开翅膀飞得不知去向，真急得叫人气死，你千辛万苦装到脑子里的东西，在这紧要关头却怎么也想不起来了。

"略述赫斯及其事迹。"赫斯？谁是赫斯？他是干什么的？这名字听起来颇为熟悉，你搜索枯肠就像要在一个碎布包里找出一小块绸子来。这个问题肯定曾经背诵过，似乎就近在眼前，而且那天当你回想宗教改革的发端时，还曾碰到过它，但现在它却远在天边。你把脑子里记的东西都翻了出来——历次革命、教会的分裂、大屠杀、各种政治制度等等。但是赫斯又到哪里去了？使你奇怪的是，你记得的东西，考卷上一个也没有。你气急败坏地把脑子里的百宝箱中的东西都倒了出来。啊！在那角落有一个，你踏破铁鞋无觅处的人，他却在那里独自沉思，一点儿也没有理会到他给你造成了多大的灾难。

就在这时，监考人走过来通知你时间到了。你以厌恶的心情把一堆垃圾一脚踢到角落里去，然后回家。脑子里不禁浮起一个革命的想法：教授们不征求同意就提问的这种神圣权利应该废除。

在本章的最后几页，我使用了一些形象的比喻，可能引起人们的笑话。那闯进瓷器店里受到冰雹般袭击的公牛，还有那一副恶狠狠面孔的鬼怪都似乎不伦不类，如今它们都在嘲笑我。我所使用的言词确切地描绘了我的心境，因此我对这些嘲笑不屑一顾。我郑重说明，我对大学的看法已经改变。

在进入德克利夫学院以前，我把大学生活想象得十分浪漫，如今这浪漫主义的光环已经消失。但是在这从浪漫主义向现实的过渡中，我学到了许多东西。如果没有这段实践，我是根本不会懂得的。我所学到的宝贵经验之一就是耐心，我们接受教育，要像在乡村散步一样，从容不迫，悠闲自得，胸怀宽广，兼收并蓄。这样得来的知识就好像无声的潮水，把各种深刻的思想毫无形迹地冲到了我们的心田里。"知识就是力量"，我们应该说知识就是幸福，因为有了知识——广博而精深的知识——就可以分辨真伪、区别高低。掌握了标志着人类进步的各种思想和行为，就是摸到了几个世纪以来人类文明的脉搏。如果一个人不能从这种脉搏中体会到人类前进的动力，那他就是不懂得人类生命的音乐。

思想的乌托邦

　　至此，我已把自己的生平做了一个简略的叙述。但我还没有告诉大家我是何等地嗜书如命。我对书籍的依赖程度远远超过普通人。其他人通过视听获得的知识，我则是全靠书籍，因此，我要从我开始读书时说起。

　　1887 年 5 月，我第一次读一篇完整的短篇小说，那时我才七岁，从那时到现在，我如饥似渴地吞食我的手指所接触到的一切书籍。

　　起初，我只有几本凸字书，一套启蒙读本，一套儿童故事和一本叙述地球的书，书名为《我们的世界》，这是我全部的书库。我读了一遍又一遍，直到上面的字磨损得无法辨认。有时候，莎莉文小姐读给我"听"，把她认为我能懂得的故事和诗歌写在我手上。但我宁愿自己读，而不愿人家读给我"听"，因为我喜欢一遍又一遍地读我觉得有趣的作品。

　　实际上，第一次去波士顿时，我才真正开始认真地读书。在学校里，老师允许我每天花一些时间到图书馆看书，在书架前摸索着走来走去，随便取阅图书。不管书中的文字我能认识多少，也不管能否看懂，我都照读不误。文字本身使我入了迷，而不管自己所读的究竟是什么。那段时期我的记忆力很好，许多字句虽然一点儿也不明白其涵义，但都能记在脑子里。后来当我学会说和写的时候，这些字句很自然地就冒了出来，朋友们都很惊奇我的词汇竟如此丰富。我总是不求甚解地读过很多书的片断（那段时期我从未从头到尾读完一本书）以及大量的诗歌，直到发现《方德诺小伯爵》这本书，我才算第一次把一本有价值的书读懂、读完。

八岁那年，莎莉文老师发现我在图书馆的一个角落里翻阅小说《红字》。她问我喜不喜欢书中的皮尔，还给我讲解了几个我不明白的字，然后说她有一本描写一个小男孩的小说，非常精彩，我读了一定会觉得比《红字》更有意思，这本小说的名字就叫《方德诺小伯爵》，她答应到夏天时读给我听，但我们直到8月才开始读这本书。

我们刚到海边时的几个星期，许多新奇有趣的事情使我忘了这本小说。后来又有一段时间，老师离开我去波士顿看望朋友。

她返回后，我们做的第一件事就是读《方德诺小伯爵》。记得那是8月里一个炎热的下午，吃过午饭后，我们同坐在屋外不远处两棵墨绿色松树之间的吊床上。在灼热的太阳映照下，空气中充满了一阵阵的松香。

故事开始前，莎莉文老师先给我介绍了一些基本情况，在阅读过程中不断讲解生字。起初生字很多，她读一读就会停顿下来，一旦我了解了故事情节后，就急于想跟上故事的发展，根本顾不上那些生字了，对莎莉文老师的解释也听得有些不耐烦。但她的手指拼写得太累不得不停下来时，我就急得忍受不了，把书拿来用手去摸上面的字。这样急切的心情，我永远也忘不了。

被我的热情所打动，安那诺斯先生把这部小说印成了凸版。我读了一遍又一遍，几乎能把它背下来，《方德诺小伯爵》成了我童年时代最亲密的伙伴。我之所以如此不嫌啰唆地讲述这些细节，是因为在此之前，我读书常常是很随意的。如此全神贯注地读一本书，还是第一次。

从这本书开始的以后两年，我在家中和在波士顿之行中读了很多书。我已经忘记那些书的书名和作者，也想不起哪本先读，哪本后读。依然记得的有《希腊英雄》、拉·封丹的《寓言》、霍索恩的《神奇的书》和《圣经故事》、拉姆的《莎氏乐府本事》、狄更斯的《儿童本英国历史》，还有《天方夜谭》、《瑞士家庭鲁滨孙》、《天路历程》、《鲁滨孙飘流记》、《小妇人》和《海蒂》。《海蒂》是篇美丽的小故事，后来我又读过它的德文本。我在学习和游戏之余读这些书，越读越有兴趣。我从不对这些书做什么研究分析——不管写得好坏，也不管文体和作者情况。作家们将自己的思想珍宝以文字的方式呈现在我面前，就像领受阳光和友爱一样，我接受了这些珍宝。

我喜欢《小妇人》，因为它让我感到和那些耳目正常的孩子有一样的思想感情。我的生命既然有缺陷，只好从一本一本的书里去探寻外部世界的信息。

我不喜欢《天路历程》和《寓言》。最初读拉·封丹的《寓言》用的是英文译本，只是简略地读了一遍，后来读了法文的原本，虽然故事生动、语言简练，但依然无法激起我的好感。我也说不出具体原因，动物拟人化表达方式永远无法引起我特别的兴趣，我也就无心去领会其中的寓意了。

而且，拉·封丹的作品不能激发人类高尚的情操。在他看来人最重要的东西是自爱和理性，其作品中始终贯穿着一个思想内涵，即个人的道德基础完全来源于爱自己，用理性来驾御和控制爱自己的程度和范围，就能产生真正的幸福。而我则认为，自私的爱乃万恶之源。当然，也许我是错的，拉·封丹对人类的了解和观察要比我丰富得多。这样讲并不意味着我反对讽刺寓言，而是在我看来，没有必要由猴子和狼来宣扬伟大的真理。

相比较以动物为主角的寓言故事，我更喜欢《丛林之书》和《我所了解的野生动物》，因为他们是真正意义的动物，而不是拟人化的。我爱它们之所爱，恨它们之所恨。它们的滑稽逗趣引得我乐不可支，其悲惨遭遇有时也使我一掬同情之泪，其中也包含了许多深刻的寓意，但极为含蓄，使你都意识不到。

我对历史也有一种偏好，古希腊有一种神秘的诱惑力吸引着我。在想象空间里，希腊的天神依然在地上行走，与人类面对面交流。在我思想深处的神殿里，仍然供奉着我最敬爱的神灵。希腊神话中的仙女、英雄和半神半人，我不但熟悉而且喜爱——不，不完全如此，美狄亚和伊阿宋太残忍、太贪婪，简直无法容忍。我真不明白，为什么上帝等他们干了那么多坏事才惩罚他们，直到如今我仍然疑惑不解。

妖魔嬉笑着爬出殿堂。

上帝却视而不见，无动于衷。

《伊利亚特》史诗让我把古希腊看成了天堂。在阅读原文前，我对特洛伊的故事就了如指掌了。在通过了古希腊文文法以后，便对古希腊文宝藏一览无余。伟大的诗篇，不论是英文还是古希腊文，只要同你的心息息相通，是不需要别人翻译的。相反，人们常常用他们牵强附会的分析和评论扭曲了伟大作品的意义。他们要是能懂得这个简单的道理该有多好！欣赏一首好诗词，根本不需要清楚其中的每一个字，也无需弄清其词法和句法的属性。那些有学问的教授们，从《伊利亚特》史诗中挖掘出的东西比我多得多，但我从不嫉妒。我并不在意别人比我聪明，他们纵有广博的知识，也无法表达出对这首光辉的史诗究竟欣赏到了什么程度。当然，我自己也无法表达出来。每当读到《伊利亚特》最精彩的篇章时，我就感到自己的灵魂游荡于形骸之外，飘然于广阔无垠的天上人间。

《埃涅阿斯纪》稍逊于《伊利亚特》，但也为我所喜爱。我努力不依靠词典解释，独自来领会这部史诗，并试图把自己最喜欢的一些篇章翻译出来。维吉尔刻画人物的本领如此惊人，他笔下的天神和凡人，不管是愤怒还是争吵，不管是怜悯还是爱慕，总是一副戴着伊丽莎白时代面具的优雅模样。相较之下，《伊利亚特》中的天神和凡人欢快地又跳又唱的，真实而鲜活。如果说维尔吉尔好似月光下的阿波罗大理石像，宁静而美好，那荷马则是太阳光下秀发飘动的俊逸而活泼的少年。

我很早就开始接触《圣经》，但并不能充分理解其内容。现在想起来觉得有些奇怪，曾有很长的一段时间，我的心灵无法接受它奇妙的和谐。

记得在一个下雨的星期天早上，我无所事事，让表姐为我读一段《圣经》故事。虽然她认为我无法听懂，但依然在我手上拼写约瑟兄弟的故事。我听了确实一点兴趣也没有，奇怪的语言和不断的重复，使故事听起来显得很不真实，何况那更是天国里的事情。还没有讲到约瑟兄弟穿着五颜六色的衣服进入雅各的帐篷里去说谎，我就呼呼地睡着了。

我至今也还不懂得为什么希腊故事比《圣经》里的故事更能吸引我。难道因为我在波士顿时被认识的几个希腊人讲述的故事所感染，而从来没有遇到一个希伯来人或埃及人，由此推断他们是一群不开化的原始人，他们的故事都是后人编出来的？我觉得《圣经》故事中的名字和重复的叙述方式十分古怪，相反，我却从未觉得希腊人的姓名古怪。

那么，后来我又是如何发现《圣经》中的光辉的呢？这缘于多年来我每次读《圣经》时，总能获得新的惊喜和启迪，它渐渐变成一本我最珍爱的书。不过对于《圣经》我并非全盘接受，因此也从未能把它从头到尾读完。后来，尽管我更多地了解了《圣经》产生的历史渊源，这种感觉依然未减。我和豪威斯先生有共同的感觉，认为应该从《圣经》中清除掉一切丑恶和野蛮的东西，但是我们也反对把这部伟大的作品改得毫无生气，面目全非。

《旧约》中《以斯帖记》篇章简洁明快，十分吸引人。尤其是以斯帖面对自己邪恶的丈夫时的场景，富有强烈的戏剧性。尽管她清楚地知道自己的生命系于对方之手，没有人能够拯救她，然而她克服了女性的懦弱，勇敢地走向她的丈夫。高尚的责任感鼓舞着她，在她心中只有一个念头："如果我死，我就死吧！如果我生，我的人民都生。"

《路得记》则富有神秘的东方色彩，朴实的乡村生活同繁华的波斯首都之间形成鲜明的对比。路得忠贞而柔情满怀，读到她与那些正收割庄稼的农民一起，站在翻滚麦浪之中的情形，真是叫人怜爱。在那黑暗残暴的时代里，她的无私和高尚情操，如同暗夜里闪耀的星星照亮了苦难的众生。

《圣经》给了我深远的慰藉："有形的东西是短暂的，无形的才能永垂不朽。"

自从喜爱读书时开始，我便一直喜欢读莎士比亚的作品。我记不清楚自己是从何时开始读兰姆的《莎士比亚戏剧故事集》的，但却记得第一次阅读时便有很深的理解力。印象最深的是《麦克白》，虽然仅读过一遍，但其中的人物和故事情节却永远印在我的记忆里。很长一段时间里，书中的鬼魂和女巫总是跑到睡梦中纠缠我。我仿佛看见了那把剑和麦克白夫人纤素的手——可怕的血迹在我眼前出现，就像那忧伤的王后亲眼见到的一样。

阅读完《麦克白》，就接着读《李尔王》。在读到格洛赛斯特的眼睛被挖出的情节时，我浑身紧张起来，心中充满了恐怖。当时我愤怒得无以复加，以致于根本就读不下去，心扑通扑通地跳，好长时间呆呆地坐在那里。

夏洛克和撒旦大概是我同一时期接触到的两个人物，一不小心在我心目中就混为一体。我内心对他们充满了怜悯，朦胧中觉得，即使他们希望变好，也无法成为好人，因为没有人愿意帮助他们或是给他们一个改过的机会。直至今天，我依然无法把他们描写得十恶不赦，甚至有这样一种感觉：像夏洛克、犹大，甚至魔鬼这样一类人，也都是好端端的车轮上的一根断了的车轴，总有一天会修好的。

最初在阅读莎士比亚作品时，留下的往往都是一些并不惬意的回忆。相反，那些欢快、温和而又富于想像的剧作最初并不怎么吸引我，也许是因为它们反映了儿童生活的欢乐。然而"世上最变幻莫测的就是儿童的想象了。保持什么，丢掉什么，都很难预料"。

莎士比亚的剧本我读过许多遍，并能背诵其中的一些片断，但却弄不清楚自己最喜欢哪一本。对它们的喜爱，往往如同心情一样变化多端。尽管我喜欢莎士比亚，但我却讨厌按评论家们的观点来读莎翁的作品。我曾经努力地按评论家们的解释来理解作品，但常常失望而止，甚至发誓不再这样读书了。一直到后来跟随基特里奇教授学莎士比亚，才逐渐改变了这个想法。今天，我终于懂得，不但在莎氏著作里，而且在这个世界上，有许多东西是我所不能理解的，而我十分高兴地看到一层又一层的帷幕逐渐被拉起，显露出思想和美的新境界。

除了诗歌以外，我最喜欢的要数历史了。我阅读了所能接触到的所有历史著作。从单调枯燥的各种大事记，更单调更枯燥的年表到格林所著公正而又生动的《英国民族史》，从弗里曼的《欧洲史》到埃默顿的《中世纪》，都是我阅读的范围。而第一本使我体会到真正历史价值的书是斯温顿的《世界史》。这本书是我在十二岁生日时收到的礼物。书现在可能已经破烂不堪了，但我依然像珍宝一样珍藏着它。从书中我认识到各民族如何在地球上逐步发展起来并建立起城市；少数伟大的统治者是如何把一切置于脚下，把千百万人系于一人之手；人类文明如何在文化艺术上为历史的发展奠定基础，开辟道路；人类文明如何在文化经历腐朽堕落的浩劫，然后又像不死鸟一样死而复生；伟大的圣贤又如何提倡自由、宽容和教育，为拯救全世界而披荆斩棘。

大学时代所读的书中，比较熟悉的是一些法国和德国的文学作品。德国人在生活和文学上，将自己的力量放在美之前，他们探求真理胜过传统。德国人做任何事都有一股强健的活力，他们张口说话不是为了影响别人，而是犹如骨鲠在喉不吐不快。

在德国文学中，我发现其光辉在于它对妇女自我牺牲的爱情伟大力量的承认。这种思想几乎渗透到所有的德国文学作品中，尤其是在歌德的《浮士德》中表现得最为显著。

那昙花一现，
不过是象征而已。
人间的缺憾，
也会成为圆满。

那无法形容的，

这里已经完成。

妇女的灵魂引导我们永远向上。

所有读过的法国作家中，我最喜欢莫里哀和拉辛。巴尔扎克和梅里美的作品很清新喜人，犹如阵阵海风袭人。阿尔弗雷德·缪塞简直不可思议！至于雨果，尽管在文学上我并不是非常喜欢他，但却十分敬佩他的才华。所有伟大诗人、作家，他们都是人类永恒主题的表现者，是他们用自己非凡的伟大作品把我引入了真善美的境界。

我是否说得太多了？但是实际上我只说了自己最喜欢的一些作家。也许人们会认为我阅读面很窄，这是一个错误的印象。其实，每个作者都有自己独特的风格值得欣赏，比如卡莱的粗犷以及对虚伪的憎厌，华尔斯华绥的"天人一体"的理念，以及胡德的古怪惊人之笔，赫里克的典雅还有他诗歌中饱含的百合花和玫瑰的香味儿，都对我有深远的影响。同样的，我也喜欢惠蒂尔的热情正直，喜欢马克·吐温——谁能不喜欢他呢！天神们也喜欢他并赋予他全能的智慧，为了不使他成为悲观主义者，又在他的心田上织起一道爱和信仰的彩虹。我爱司各特的不落俗套、泼辣和诚实。我爱所有像洛厄尔那样的作家，他们的心池在乐观主义的阳光下泛起涟漪，成为欢乐善意的源泉，偶尔带点愤怒，但更多时候还是在传播治愈人心的同情和慰藉。

总而言之，文学是我理想的乐园，在这个乐园里，我享有和健全人平等的权利。没有任何感觉上的障碍能够阻止我和作者以及作品中人物交流。

享受生活

　　我相信读者不会单从前面章节的叙述中得出结论，误以为我的唯一乐趣就是阅读。事实上，我的乐趣是丰富多彩的。

　　我非常喜爱田野漫步和户外运动。在我还是个小孩子的时候，就学会了划船和游泳。夏天，在马萨诸塞州伦萨姆度假时，我几乎都是生活在船上。没有什么能够比得上朋友来访时出去划船更有乐趣的了。的确，我不太会掌控船只行进的方向，所以由我划桨时，几乎都有人坐在船尾掌舵。偶尔也不用舵，只任由船只循着水草、莲花和岸边的树丛顺流而下。桨用皮带固定在桨环上，我从水的阻力来知道双桨用力是否平衡，同样，我可以知道什么时候是逆水而上。我喜欢同风浪搏斗，小船会服从我的意志和臂力。划着小船穿过那波光粼粼的湖面，感受自己和小船一起随着水波轻轻地晃动，此情此景，令人心旷神怡！

　　我也喜欢划独木舟。我说我喜欢在月夜泛舟时，你们也许会哑然失笑。的确，我不可能看见月亮从松树后面爬上天空，悄悄地越过中天，为大地铺上一层银色光芒，但我好像知道月光就在那里。当我累了，躺到垫子上，把手放进水中时，我仿佛看见了穿着长裙的月光仙子正在经过，我触摸到了她的衣裳。偶尔，一条大胆的小鱼从我手指间滑过，一棵睡莲含羞地亲吻我的手指。

每当船从小港湾的荫蔽处驶出时，我会感到豁然开朗，一股暖气把我包围住。我无法知道这热气究竟是从树林中还是从水气里蒸发出来的。在内心深处，我也常常有这种奇异的感觉。在风雨交加的日子里，在漫漫暗夜中，这种感觉不经意中袭来，仿佛温暖的嘴唇在我脸上亲吻。

我最喜欢乘船远航。我在1901年夏天游斯科舍半岛时，第一次领略了海洋的风貌。莎莉文老师和我在伊万杰琳的故乡住了几天。朗费罗有几首歌颂这里的名诗，增添了这里的魅力。我们还去了哈利法克斯，在那里度过了大半个夏天。在这个海港我们玩得非常痛快，简直像进了乐园。我们乘船去贝德福德盆地、麦克纳勃岛、约克堡垒以及西北水道，那种感觉简直太奇妙了。一些庞大的船舰静静地停泊在海港里，夜里，我们悠闲地在船侧划行，真是有趣极了！这些令人愉快的情景，我始终不能忘怀。

一天，我们遇到一个令人惊心动魄的事情。西北海湾正在举行划船比赛，各艘军舰派小艇参赛。人们都乘帆船来看比赛，我们的帆船也夹在当中。比赛时，海面风平浪静，百帆争流。比赛结束后，大家掉头转航，四散回家。

突然一块黑云从远处飘来，不断翻滚奔腾，越积越厚，最终遮满了整个天空。刹那间，风大浪急。船长面对大风大浪张满帆，拉紧绳，我们仿佛坐在风上，一会儿在波涛中打转，一会儿被推上浪头，然后又跌落谷底。风吼帆鸣，我的心怦怦直跳，手臂在颤抖，但这些表现是精神紧张，而不是畏惧！我们富有冒险精神，想象自己是北欧的海盗，也相信船长最终能让大家化险为夷。他凭着坚实的双手和熟悉海浪的眼睛，闯过无数险风恶浪。港湾里的所有的船只驶近我们船旁时，都鸣号向我们致敬，水手们欢呼，向船长致意。最后，当我们驶抵码头时，大家又饿又冷，已经疲惫不堪了。

马萨诸塞州的伦萨姆仿佛与我有不解之缘，我生命中所有的欢乐和忧愁，也似乎都与这个地方连在一起。靠近菲利浦王池畔的红色农庄住着钱布斯林一家，那里后来也成了我的第二个家。每每想起与这些亲朋挚友共同的快乐时光，以及他们对我的恩惠，我心里就充满了感激。他们家的孩子与我成为了亲密的伙伴，为我提供了很大的帮助。我们一起做游戏，相携在林中散步，在水中嬉戏。几个年幼的孩子常常围着我说这道那，我也会给他们讲小妖精、侏儒、英雄和狡猾的狗熊的故事，一切至今还回味无穷。

钱布林斯先生还引导我去探究那些树木和野花的秘密世界。后来，我仿佛能侧耳倾听橡树中树液的奔腾流动，看见阳光挥洒在树叶上的光辉。

> 树根深埋于阴暗的泥土，
> 分享着树顶上的愉悦，想象，
> 充满阳光的天空，鸟儿在飞翔，
> 啊！因为同自然有着共鸣，
> 所以我也理解了看不见的东西。

在我看来，每个人都有一种潜能，都可以理解开天辟地以来，人类所经历的历程和情感。每个人潜意识里还残留着对绿色大地、淙淙流水的记忆。即使是盲聋人，也无法剥夺他们这种从先代遗传下来的天赋。这种遗传智能是一种第六感——融合了视觉、听觉、触觉于一体的灵性。

在伦萨姆我有许多朋友，其中之一是一株十分壮观的橡树，它是我心中的骄傲。有朋友来访，我总会带着他们去欣赏这棵帝王之树。它矗立在菲利浦王池溏的陡峭岸上，据说已有八百年到一千年的历史了。传说中的菲利浦王——一位印第安人英雄首领，就是在这棵树下与世长辞的。

另外一个树友，比大橡树要温和可亲，是一棵长在红色农庄庭院里的菩提树。一天下午，电闪雷鸣，风雨交加，后墙传来巨大的碰撞声，不用别人告诉我，我就知道是菩提树倒了。我出去探望这棵经受了无数狂风暴雨的英雄树，它曾经经过奋力拼搏，终于猝然倒下了，真叫人痛心疾首。

回到去年夏天的生活。考试结束后，我就和莎莉文老师立刻前往伦萨姆幽静的乡间。伦萨姆有三个著名的湖，我们的小别墅就在其中一个湖的边上。在这里，我可以尽情地享受充满阳光的日子，所有的工作、学习和喧嚣的城市，全都抛在脑后。然而我们却听到遥远的太平洋彼岸正在发生的残酷的战争以及资本家和劳工的斗争。在我们这个人间乐园之外，人们纷纷攘攘，忙碌终日，丝毫得不到悠闲自在的乐趣。我们知道这些现实，却并不在意。尘世纷扰不过是过眼云烟，而湖水、树木，这漫山遍野长满雏菊的宽广的田野、沁人心扉的草原，却都是永恒存在的。

人们都认为，人类的知觉都是由眼睛和耳朵传达的，城市和乡村的区别无非是一个到处是平坦大道，一个只有乡间崎岖小路。然而，对我来说，城市中我所看不见的行人急促的步履，各种各样的不和谐的吵嚷，载重车轧过坚硬的路面发出的隆隆声，还有机器单调的轰鸣，都让我这个需要集中注意力辨别事物的盲人无法忍受。

在乡间，人们看到的是大自然的杰作，不必为熙熙攘攘的城市里那种残酷的生存斗争而满心忧虑。我去过几次城市里穷人居住的地方，想到有钱有势的人住在高楼大厦里悠闲自得，而另一些人却住在这暗无天日的贫民区里，变得越来越干瘪、丑陋，我深感社会的不平等。贫民区很多肮脏狭窄的小巷子里挤满了衣不蔽体、食不果腹的孩子。你向他们伸出友好的手，他们却躲之犹恐不及，好像你要打他们似的。使我更为痛苦的是，一些男人和女人蜷曲得不成人形。我抚摸他们粗糙坚硬的手，深感他们的生存是一场场无休无止的斗争——不断的奋战、失败，他们的努力和机遇形成了巨大的反差。

我们常说上帝把阳光和空气赐给一切众生，果真如此吗？在城市中肮脏的小巷里，空气污浊，看不见阳光。世人啊，你们不珍惜自己的同胞，反而还摧残他们。当你们每顿饭祷告"上帝赐给我面包"时，你们的同胞却无衣无食。我真希望人们离开城市，抛开辉煌灿烂、喧嚣嘈杂、纸醉金迷的尘世，回到森林和田野，过着简朴的生活，让他们的孩子能像挺拔的松树一样茁壮成长，让他们的思想像路旁的花朵一样芬芳纯洁。这些都是我在城市生活一年后，回到乡村所产生的感想。

现在，我又踏上了松软富有弹性的土地，又沿着绿草茵茵的小路，走向蕨草丛生的涧边，把手伸进汩汩溪水里。我又翻过一道石墙，跑进绿色的田野——这狂欢似的高低起伏的绿色田野。

除了从容散步，我还喜欢骑双人自行车四处兜风。凉风迎面吹拂，铁马在胯下跳跃，十分惬意。迎风快骑使人感到轻快又有力量，飘飘然而心旷神怡。

在散步、骑马和划船时，只要有可能，我会让狗陪伴着我。我有过很多犬友——躯体高大的玛斯第夫犬、目光温顺的斯派尼尔犬、善于丛林追逐的萨脱猎犬，以及忠实而其貌不扬的第锐尔狼狗。目前，我所钟爱的是一条纯种狼狗，它尾巴卷曲、脸相滑稽、逗人喜爱。这些狗似乎很了解我生理的缺陷，每当我孤独时，总是寸步不离地陪伴着我。

每当下雨足不出户时，我会和其他女孩子一样，待在屋里用各种办法消遣。我喜欢编织，或者东一行西一句随手翻翻书，或者同朋友们下一两盘棋。我有一个特制棋盘，格子都凹陷下去的，棋子可以稳稳当当地插在里面。黑棋子是平的，白棋子顶上是弯曲的，棋子大小不一，白棋比黑棋大，这样我可以用手抚摸棋盘来了解对方的棋势。棋子从一个格移到另一个格会产生震动，我就可以知道什么时候该轮到我走棋了。

在独自一人百无聊赖时，我便玩单人纸牌游戏。我玩的纸牌，在右上角有一个盲文符号，可以轻易分辨出是张什么牌。

如果有孩子们在旁边，同他们做各种游戏真是再快乐不过了。哪怕是很小的孩子，我都愿意和他们一起玩。我喜欢他们，他们也很喜欢我。他们当我的向导，带着我到处走，把他们感兴趣的事情告诉我。小孩子们不能用手指拼字，有时唇读也未能弄明白他们的话，只好依赖手势。每逢我误解了他们的意思，干错了事，他们就会哄然大笑，于是哑剧就得再次从头做起。我也常给他们讲故事，教他们做游戏，和他们在一起很开心，时间也过得很快。

博物馆和艺术馆也是乐趣和灵感的来源。许多人满怀疑惑，我不用眼睛，仅用手，能感觉出一块冰凉的大理石所表现的动作、感情和美？的确！我的确能从抚摸这些典雅的艺术品中获得真正的乐趣。当我的指尖触摸到这些艺术品的线条时，就能感受到艺术家们所要表达的思想。我从神话英雄雕像脸中，感觉他的爱和恨、勇敢和爱情，正如我能从活人的脸上摸出人的情感和品格一样。从狄安娜雕像的神态上，我体会到森林中的秀美和自由，她既有能驯服猛狮的力量和灵气，也有能克制狂热激情的冷静和理性；维纳斯雕像传递给我的是宁静和优雅，而巴雷的铜像则把丛林的秘密显示出来。

在我书房的墙上有一幅荷马的圆雕，挂得很低，顺手就能摸到。我常以崇敬的心情抚摸他英俊而忧伤的面庞。我对他庄严的额上每一道皱纹都了如指掌——如同他生命的年轮刻着忧患的印迹。在冰冷的灰石中，他那一双盲眼仍然在为他自己心爱的希腊寻求光明与蓝天，然而结果总是归于失望。那美丽的嘴角，坚定、真实而且柔和。这是一张饱经忧患的诗人的脸庞。啊！我能充分了解他一生的遗憾，那个犹如漫漫长夜的时代：

哦，黑暗、黑暗，

在这正午刺眼的阳光下，

绝对黑暗、全然黑暗，

永无光明的希望！

我仿佛听见荷马在歌唱，从一个营帐行吟到另一个营帐，探着步子摸索着。他歌唱生活、爱情和战争，歌唱一个英雄民族的丰功伟绩。这奇伟雄壮的歌，使盲诗人赢得了不朽的桂冠和万世的景仰。

有时候，我甚至怀疑，手对雕塑美的欣赏比眼睛更敏感。我以为触觉比视觉更能对曲线的节奏感体会入微。不管是否如此，我自认为自己可以从希腊的大理石神像上觉察出古希腊人情绪的起伏波动。

欣赏歌剧是比较少有的一种娱乐。我喜欢舞台上正在上演时，有人给我讲述剧情，这比读剧本要有趣味得多，因为这样我常常会有身临其境的感觉。我曾有幸会见过几位著名的演员，他们演技高超，能使你忘却此时此境，将你带到罗曼蒂克的古代去。埃伦·特里小姐具有非凡的艺术才能，有一次，她正在扮演一名我们心目中理想的王后，我被允许抚摸她的脸和服饰。她身上散发出来的高贵神情足以消弭最大的悲哀。亨利·欧文勋爵穿着国王服饰站在她的身旁，他的行为举止无不显露出超群出众的才智。在他扮演的国王的脸上，有一种冷漠、无法捉摸的悲愤神情，令我永远不能忘怀。

我仍然清楚地记得第一次看戏时的情景。那是十二年前的事情，小演员艾尔希·莱斯莉正在波士顿，莎莉文小姐带我去看她演出的《王子与贫儿》。随着剧情的发展，观众一会儿喜，一会儿悲，跌宕起伏的情节和小演员出色的表演给我留下了深刻的印象。

散场后，我被允许到后台去见这位穿着华丽戏装的演员。她站在那里向我微笑，一头金发披散在肩上。虽然刚刚结束演出，她一点儿也没有疲惫和不愿见人的样子。那时，我才开始会说话，之前我反复练习她的名字，直到我可以清楚地说出来。当她听懂了我说出的几个字时，高兴地伸出手来欢迎我，表示很高兴能与我相识，我也高兴得几乎要跳起来！

虽然生命中有很多缺陷，但我可以有如此多的方式触摸到这个多姿多彩的世界。世界是美好的，甚至黑暗和沉寂也是如此。我懂得了无论处于什么样的环境，都要学会知足常乐。

有时候，当我发现自己被人生关在门外时，一种与世隔绝的感觉就会像冷雾一样笼罩着我。远处有光明、音乐和友谊，但我进不去，命运之神无情地挡住了大门。我真想义正词严地提出抗议，因为我的心仍然充满了热情。但是那些酸楚而无益的话语流溢在唇边，我欲言又止，泪水往肚里流，沉默浸透了我的灵魂。然而，希望之神突然微笑着走来，对我轻轻耳语说："别再耿耿于怀，遗忘就是快乐。"因而我要把别人眼睛所看见的光明当作我的太阳，别人耳朵所听见的音乐当作我的乐曲，别人嘴角的微笑当作我的快乐。

一双双托满阳光的手

　　要是我能把对我曾经有所帮助的人写出来，那该有多好呀。在书中我已经写了一些人，并为读者所熟悉。而另一些人则可能不为人知。虽然如此，但是他们的影响将永远活在所有因他们而变得甜美、高贵的生命中。

　　人生最值得庆幸的莫过于结识一些益友，他们如同一首首优美的诗歌一样打动人，他们握手时注满了不可言喻的同情，他们幽默有趣的性格，把我的愤怒、烦恼和忧虑一扫而光，使我一觉醒来耳目一新，重新看到上帝真实世界的美与和谐。总之，有这些益友在身旁，我就感到生活美好。同他们的相会也许只那一次，然而他们平静的脸，温柔的性格，消融了我心上这永不满足的冰块，犹如山泉灌进海洋，淡化了海水的浓度。

　　时常有人问我："有人使你觉得厌烦吗？"我不了解他的意思。我猜想这种愚蠢而怪异的声音可能来自新闻记者不合时宜的报道。我也不喜欢那些自以为是，喜欢说教的人，他们就好像那些同你一起走路，缩短步伐来适应你的速度的人一样虚伪和夸张，让人心中不快。

我所接触的各种各样的手就很能说明问题。有的人握手倨傲无礼，显得高人一等；有的人郁郁寡欢，和他们握手仿佛是握住了西北风一样冰凉；而另一些人则活泼快乐，他们的手就像阳光一样温暖了我的心。可能这不过是一个孩子的手，然而它确实给了我温暖，就像含情的一瞥给你的感受一样。我从一次热情的握手或是一封友好的来信中，感到了真正的快慰。

我有许多从未谋面的远方友人，实在是人数太多了，以至我常常不能一一回复他们的来信，我愿借此感谢他们的亲切来信，只是我又哪里能感谢得完呢！

我非常荣幸能够认识许多智者，并且和他们一起交流。只有认识布鲁克斯主教的人，才能领略同他在一起的情趣。当我还是一个孩子的时候，就喜欢坐在他的膝上，一只手紧紧握住他的大手。他跟我讲上帝和精神世界的事，由莎莉文小姐拼写到我另一只手上。我听了既惊奇又喜欢，虽然不能完全理解他所说的，但却因为他对生命产生了好奇和兴趣。随着年龄的增长，我对他的话又有更深一层的理解。

有一次我问他："为什么世界上有那么多的宗教?"他说："海伦，有一种无所不在的宗教，也就是爱的宗教。以你整个身心爱你的天父，尽你所能去爱上帝的每个儿女，同时好好记住，善的力量远不如恶的力量强大，进天堂的钥匙在你的手里。"他的一生就是这个伟大真理的最好的例证。在他高尚的灵魂里，爱与渊博的知识以及信仰融合成一种洞察力，他看见：

上帝使你得到解放，得到鼓舞，

使你谦卑、柔顺并得到慰藉。

布鲁克斯主教从未教我什么特别的信条，但是他把两种伟大的思想铭刻在我脑海里——上帝是万物之父，四海之内皆兄弟，这是一切信条和教义的基础。上帝是爱，上帝是父，我们是他的儿女。乌云总是要被驱散，正义永远会战胜邪恶。

我在这个世界上生活得很快乐，也很少想到身后之事，只是不免常常想起几位好友的在天之灵。岁月如梭，虽然他们离开人间已有好多年了，但仿佛依然同我近在咫尺，如果他们什么时候拉住我的手，像从前一样亲热地交谈，我丝毫不会觉得惊奇。

自从布鲁克斯主教逝世后，我把《圣经》从头到尾读了一遍，同时还读了几部从哲学角度论述宗教的著作，其中有斯威登伯格的《天堂和地狱》、德鲁蒙德的《人类的进步》，但我依然觉得，最能慰藉我灵魂的还是布鲁克斯的爱。

我认识亨利·德鲁蒙德先生，他那热情而有力的握手令我感激不已。他是一位待人热情、知识广博而健谈的朋友，只要他在场，你永远不会感到枯燥乏味。

我清楚地记得同奥利费·温德尔·霍姆斯博士见面的情形。他邀请莎莉文小姐和我在一个星期日的下午去见他。那是初春时节，我刚学会说话不久，一进门我们就被带进他的书房。他坐在壁炉旁边一张扶手椅上。炉火熊熊，柴炭噼啪作响，他说自己沉湎于往日的回忆之中。

"还在聆听查尔斯河的细语？"我试探着说道

"是的，"他说，"查尔斯河引起我许多美好的联想。"

书房里有一股印刷油墨和皮革的气味，我知道这里一定到处都是图书。我本能地伸出手去寻找它们，手指落在一卷装订精美的

《坦尼森诗集》上。莎莉文小姐告诉我书名，我就开始朗诵：

啊！大海，撞击吧，撞击吧，

撞击你那灰色的礁石！

我感觉到有泪水滴在了我的手上，就停了朗诵。这位可爱的诗人竟然听得哭了，我觉得颇为不安。他让我坐在靠背椅上，拿来各种有趣的东西让我鉴赏。我答应他的要求，朗诵了自己最喜欢的一首诗《被禁闭的鹦鹉螺》。以后我又同他见了好几次，我不仅喜欢他的诗歌，而且喜欢他的为人。

会见霍姆斯博士后不久，在一个晴朗的夏日里，我同莎莉文小姐一起又去看望了惠蒂尔，是在梅里迈克河边他幽静的家里。他温文尔雅，谈吐不凡，给了我深刻的印象。他有一本自己的凸字版诗集，我从里面读到了一篇题为《学生时代》的诗歌。他对我能如此准确地发音非常高兴，说他听起来一点儿不困难。我问他许多关于这首诗的问题，并且把手放在他的嘴唇上来"听"他的回答。他说，那首诗中的小男孩就是自己，女孩子的名字叫萨利，还有其他细节，我已记不太清楚了。

我又朗读了《赞美上帝》，当我读到最后一行时，他在我的手中放了一个奴隶的塑像。从那蹲着的奴隶身上掉下两条锁链，就好像天使把彼得带出监牢时，身上的镣铐脱落下来的情形一样。后来，我们到他的书房里去，他为莎莉文老师亲笔题字，表达对她工作的钦佩，而后对我说："她是你心灵的解放者。"他送我们到大门口，温柔地吻了我的前额。我答应第二年夏天再来看望他，但是约未践，人已逝。

我有许多忘年交朋友，爱德华·埃弗雷特·黑尔就是其中一位。我八岁那年就认识他，随着年岁的增长，越发敬重他。他博学而富有同情心，是莎莉文老师和我在忧患之中的最好的益友，他那坚强的臂膀帮助我们越过了许多艰难险阻。

不仅仅对我们，他对任何处境困难的人都是如此。他用爱来给旧的教条赋以新义，并教导人们如何信仰，如何生活，如何求得自由。他言传身教，以身作则，爱国家，爱人类，追求勤勤恳恳不断向上的生活。他信守诺言，身体力行，是全人类的朋友。

愿上帝祝福他！

前面我写过与贝尔博士初次见面的情形，后来，有时在华盛顿，有时在布雷顿角岛中心他幽静的家中，我曾同他一起度过许多愉快的日子。在贝尔博士的实验室里，在伟大的布烈斯河岸的田野上，我静静地听着他讲述自己的实验，心中充满了喜悦。我们一起放风筝，他告诉我，他希望以此能发现控制未来飞船的方法。

贝尔博士精通各方面的科学，并且善于把自己研究的每一个课题生动有趣地向你描述，一些深奥的理论知识也让你感觉到兴趣盎然。他能让你感到，哪怕只用一点点时间，你都可以成为发明家。他还表现得十分幽默和富有诗意，对儿童满怀爱心。当他抱着一个小聋儿时，常常表现出真诚的快乐。他为聋人做的贡献会留存久远，并造福后世的孩子们。因为他个人的成就和感召，我们将对他满怀敬爱。

居住在纽约的两年中，我见过许多知名人士。虽然我已久闻他们的大名，但却从未想过会同他们见面。同他们大多数人的第一次见面，都是在好友劳伦士·赫顿先生的府上。我十分荣幸能够到赫顿夫妇优雅宜人的家里做客，参观他们的藏书室。许多富有才华的朋友都为他们夫妇题词留念，表达自己对他们的钦佩之情。对我来说，能在图书室中亲自阅读到这些留言，真是莫大的荣幸。

据说赫顿先生能唤起人们内心深处美好的思想与情操，人们不需要读《我所认识的男孩》，就可以了解他。他也是我所认识的最慷慨、待人宽厚的人。

赫顿夫人是一个能够患难与共的真诚朋友，我思想中许多最宝贵东西的获得，都要归功于她。在大学的学习过程中取得的进步，也是得益于她的引导和帮助。当我因学习困难而气馁时，她的书信使我振奋，让我重新鼓起勇气。她使我真正体会到，征服一个困难，随后而来的事就会变得简单而容易。

赫顿先生给我介绍了许多文学界的朋友，其中有著名的——威廉·狄思·霍尔斯先生和马克·吐温。我还见过李察·华生·吉尔德先生和艾德豪德·克拉伦斯·惠特曼先生。我也认识查尔士·杜德里·华纳先生，他善于讲故事，深受朋友们的敬爱，对人又富有同情心，大家都说他爱人如己。

有一次，华纳先生带着森林诗人——约翰·柏洛夫先生来看我。他们和蔼可亲，在散文和诗歌创作上的才华使我钦佩，如今又切身感受到了他们待人接物的魅力。这些文学界名流，谈天说地，唇枪舌剑，妙语连珠，令人望尘莫及。就好像小阿斯卡涅斯以不对称的脚步跟着英雄埃涅阿斯向伟大的命运进军一样——他们对我说了许多至理名言。

吉尔德先生同我谈起，他趁着月色穿越撒哈拉大沙漠到达金字塔的经历。有一次他写信给我，在签名处做出凹下去的印迹，以便我能够轻松摸出来。这让我想起，赫尔先生给我的信时也都会把签名刺成盲字。我用唇读法听马克·吐温为我朗诵他的一两篇精彩的短篇小说。他的思想和行为都与众不同，我在与他握手时，能感觉到他的眼睛炯炯有神地闪光。甚至，当他以特有的、难以形容的幽默声调进行讽刺挖苦时，使你觉得仿佛他就是那个温柔的、又有慈悲心的伊里亚德的化身。

我在纽约还见了许多有趣的人物，《圣尼古拉斯报》受人尊敬的编辑玛莉·玛普斯·道奇女士、《爱尔兰人》一书可爱的作家凯蒂·道格拉斯·威格因女士。他们送给我颇富情意的礼物，包括反映他们思想的书籍，暖人心窝的信函以及一些照片。

可惜篇幅所限，不能尽述所有的朋友。事实上他们许多高尚纯洁的品质，非笔墨所能充分表达。甚至要讲到劳伦斯·赫顿夫人时，我的心中还犹豫不决。这里我只能再提两位朋友，一位是匹兹堡的威廉索夫人，在林德斯特时，我常去她家中拜访。她总是为别人做些好事，认识她多年来，她总是不厌其烦地提出自己中肯的意见。

另有一位朋友卡耐基先生也使我受益匪浅。他强而有力的企业领导才能无人能及，他英明果敢神奇的能力，博得大家的尊敬。他对每一个人都很仁慈，默默行善。由于他的地位，我是不应该谈到他的，但是应该指出，如果没有他的热情帮助，我进大学是不可能的。

就这样，可以说是我的朋友们成就了我的生活和我的故事。他们费尽心思、绞尽脑汁，把我的缺陷转变成美好的特权，使我能够在已造成的缺陷阴影中，安详而快乐地前进。

第三章 走出黑暗与寂静

大学生活

  以上我所描述的都是大学一年级以前的生活，现在让我来说说大学二年级以后的情形吧。

  《少女时代》是我在德克利夫学院一年级时的作文结集。当时在上柯兰老师的作文课时，我每星期都写一篇作文。最初并没有想把它们整理出版的计划，直到有一天《淑女书报》的主编忽然来访，他说："本社的社长希望能在我们杂志上刊登你的传记，并且是以连载方式登出，请多多提供帮助。"

  明白对方的来意后，我就以功课太忙为由加以婉拒，可是他却坚持说："你不是已经在作文课上写了很多吗？"

  听到他这话，我吃了一惊："啊！怎么你连这些事也知道？"

  "啊，谁叫我是吃这行饭的呢？"记者笑着说，带有几分得意。紧接着，他又告诉我，只要把学校里的作文稍加修改，就可变成杂志所需的稿子了，非常容易。于是，我只好答应把《少女时代》的原稿以三千美元的价格在《淑女书报》上连载，并在合约上签了字。

说实在的，当时我深受三千美元所诱，而忘记了那份稿子其实只完成了一半，更没有考虑到补写后半部可能会带来的种种困扰。当时，我确实是有些得意忘形、沾沾自喜。

事情就这么决定了。开始时，一切都还顺利，可是越往后就越觉得棘手了。

因为自己不知道要写什么才好，更何况我又不是专业作家，不懂得如何把现有的材料加工变成杂志社所需的文字，甚至对截稿日期的重要性也全无概念，完完全全是个外行人。

当我收到杂志社拍来的电报，如"下一章请立刻寄来"或"第6页与第7页的关系交代不清，请立刻回电予以说明"等等时，竟不知所措。

幸好，同班同学蕾诺亚介绍我认识了一个人，她告诉我说："他是房东的同班同学，不但头脑清楚，而且很慷慨，富有骑士精神，待人也和蔼可亲。如果有事相求，他一定不会拒绝的。"

就这样我结识了梅西先生。梅西先生是哈勃特大学的教授，当时在德克利夫学院兼课，但我并不知道。在听完蕾诺亚的介绍之后，我对梅西先生有了初步完美的印象，从日后的交往中，我深切地体会到，正如蕾诺亚所说，梅西先生不但聪明、智慧，而且为人热心。他了解我的困难后，立刻把我带来的资料浏览了一遍，然后十分利落地帮我整理出来。从此之后，我终于能够如期交稿了。

梅西先生是一位才思敏锐、感情丰富的杰出文学家。对我而言，当时的他既是好朋友又是一位值得信赖的兄长，更是遇事时不可缺少的商量对象。如果现在所写的这部分水准不及当年，我丝毫不觉得奇怪，因为这次没有梅西先生可以帮我的忙了。

前面曾经提过，在德克利夫求学过程中，最感困扰的莫过于没有盲文书可读，另一个问题则是时间不敷分配。课外作业都是莎莉文老师以手语方式逐字逐句告诉我的，因此往往必须学习到半夜，而此时此刻别人早已进入梦乡了。洛奇老师与维杜老师也会在我的教科书上为我点字，教我学习的方法，但有些老师一直到上课都还没有教我如何学习，所以常常跟不上进度。

现在，红十字会已经为盲人出版了数千册盲文书籍（编者按：指1928年），可以阅读好多好多书呢！而当时，我所有的盲文书加起来不超过三十本，每一本对我而言都是一件无价之宝。我低着头，用自己的双手来"读"这些书，来搜集自己的论文材料，准备大小考试。每当自己在阅读盲文书籍时只要想到"现在我不用别人帮忙也可独自用功了"，就觉得十分快慰。

在学业方面，无论是文学还是历史，我都可以毫不费力地阅读和理解。这也许与我少女时代的生活体验有关，我早在进大学之前就接触过许多优美、富有想象力、知识性强的文章。因此，对这些课程都有很浓厚的兴趣，成绩表现良好。现在回想起来，真为自己的幸运庆幸不已。

我唯一感到遗憾的是，没能与大学时代的教授们做更多的交流。多数教授的讲课对我来说都像留声机一样，机械性地讲述而已。院长布里吉斯教授的家就在我的隔壁，可是我从来没有主动拜访过他。在我的毕业证书上签字的艾里华特博士，也一直无缘见面。只有指导我写作课的柯布兰教授以及教《伊利莎白时代文学》的尼尔逊博士，还有教德文的帕德雷特教授等人偶尔请我去喝茶，他们在校外遇见我时也十分亲切。

由于我的生理状况异于他人，因此无法与班上的同学融洽地玩在一起，不过大家还是通过各种方式与我沟通和交流。班上的同学经常一块儿到外面餐馆去吃三明治、喝可可奶，他们常常围在我身旁，说些有趣的事来逗我笑，同学们还推选我做副班长。

如果不是因为功课方面必须比别人花更多的时间，觉得很吃力的话，我相信自己的大学生活一定可以像其他同学们一样丰富多彩。

有一天，朋友们邀我出去："海伦，要不要到布鲁克林闹市区的朋友家去玩？"但最后却来到了波士顿一间满是"泰瑞尔"狗的宠物店。那些狗都很热情地欢迎我，其中有一只名叫汤玛斯伯爵的狗对我尤其亲热。这条小狗长得并不特别好看，但很会撒娇，站在我身边一副驯服、乖巧的模样。我伸手去摸它时，它高兴得猛摇尾巴，低声欢叫着。

"啊！汤玛斯伯爵，你很喜欢海伦吗？海伦，你也喜欢这只小狗吧？"朋友们异口同声地问我，我很干脆地回答："是的，我很喜欢它！"

"那么，我们就把这只狗送给你，作为大家送给你的礼物。"朋友们说。

汤玛斯似乎听懂了大家正在谈论它，直在我身边绕圈子。

等汤玛斯伯爵稍微安静下来了，我才说："我不喜欢这种什么伯爵的称呼，听起来高不可攀。"

我说出这番话后，狗若有所悟地静坐一旁，一声不响，变得沉默起来。

"你们看，费兹这个名字如何？"

此言一出，汤玛斯伯爵好像完全同意似的，很高兴地在地上连打了三个滚。于是我就把这只狗带回康桥的家。

当时，我们住在库利兹街14号，租下这幢房子的一部分。据说这栋房子原来是高级住宅，坐落在一片美丽的土丘上，四周长满了葱郁苍翠的树木。虽然住宅的正门面对马路，但屋宇很深，马路上车辆的喧闹声几乎完全听不到。

屋后是一大片花园，主人在园中种满了三彩紫罗兰、天竺葵、康乃馨等花草，屋里时常花香四溢。每天清晨，那些身着鲜丽衣裳的意大利女孩就会来采花，拿到市场上去卖。我们常常在那些意大利少女活泼的笑语及歌声中醒来，真有点儿像置身于意大利的田园村落里。

住在库利兹街的岁月里，我们结识了几位哈勃特大学的学生和年轻的讲师，大家相处甚欢，成为了很好的朋友。其中一位菲利浦·史密斯先生目前是华盛顿国立地质调查所阿拉斯加分部的主任，他的太太是我最好的同学之一蕾诺亚。蕾诺亚对我非常友好，每当莎莉文老师身体不适时，她就替莎莉文老师帮助我做功课，带我去教室。

约翰·梅西先生也是当时的成员之一，一度是我生活上、精神上的支柱，他后来与莎莉文老师结婚了。年轻人充满了活力与朝气，常常一口气走了十来里的乡村小路，丝毫不觉得累。有时候骑着三个车座的自行车出游，一骑就是四十里，玩到尽兴才肯回家。那真是个无忧无虑的年龄啊！做什么都开心，玩什么都高兴。在年轻人的眼里，大自然的一切都如此美妙，照在树梢上温暖的秋阳、成群结队南飞的候鸟、为了雨季储藏食物正忙忙碌碌搬运胡桃的松鼠、从苹果树上掉下来的熟透果实、河边草地上粉红的小花，以及碧绿的河水……一切的一切都是如此赏心悦目，令人陶醉。

天气清凉的冬夜里，我们租着有篷的马车四处溜达，或者去山上滑雪橇，或者在野外疯狂地玩耍，或者静静地坐在咖啡馆里喝着香浓的咖啡，或者来上一顿可口的夜宵，快乐得像神仙似的。

冬夜漫漫，有时我们也会连续几天夜里围在熊熊的炉火前，喝可乐、吃爆米花、高谈阔论，探讨社会、文学或哲学上的种种问题。无论谈起什么问题，我们总喜欢追根究底。

一群年轻人开始懂得独立思考，并且有强烈的正义感，看不惯社会上邪恶的势力、黑暗的一面，在爱好和平、热爱人类这一点上，大家保持完全的一致。但是，纯粹的讨论多半于事无补，解决不了根本问题，仅仅构建乌托邦的理想是没有意义的。但是又没有人敢于提出不同的意见，那些较冲动的激进分子正想找"叛徒"决斗呢。

青春的光辉是如此灿烂，令人不敢逼视，那种天不怕地不怕的冲劲真叫人羡慕。记得有一次，我们徒步走到一个很远的地方，3月的风是如此强劲，把我的帽子都吹掉了。还有一次，大概是4月吧！我们也是徒步出门，路上忽然下起了瓢泼大雨，几个人只好挤在一件小小的雨衣里。到了5月，大伙儿相偕到野外去采草莓，空气里飘荡着草莓的芳香。

唉！我现在还没有到老太婆的年龄，怎么一个劲儿地回忆过去的岁月了呢？

在这些愉快的日子里，四年的大学生活稍纵即逝，终于要迎接毕业典礼了。当时的报纸曾报导过毕业典礼中的我与莎莉文老师，其中有一家报纸登载了这样一条消息："这一天，毕业典礼的礼堂里挤得水泄不通。当然，每位在场的毕业生都将接受毕业证书，但来宾们的目光焦点却集中在一位学生身上，她就是美丽、成绩优异却眼盲的海伦·凯勒。长久以来，不辞辛劳协助这位少女的莎莉文老师也分享了她的荣誉。当司仪念到海伦·凯勒的名字时，全场响起了雷鸣般的掌声。这位少女不但以优异的成绩学完了大学的所有课程，而且在英国文学这门课上的表现更是杰出，因此博得了师长、同学的交相赞誉。"

莎莉文老师十分高兴我能够在英国文学这一科上得到高分，这完全要归功于她。可是除了这两点事实外，报纸上的其他报导都是一派胡言。当天的来宾并不像记者所说的那么多，事实上，专程来参加我的毕业典礼的朋友仅五六位而已。最遗憾的是，母亲因为生病不能出席典礼。校长只是做了例行演讲而已，并未特别提到我与莎莉文老师。不仅如此，其他的老师们也没有特别过来与我打招呼。另外，在我上台领毕业证书时，并未出现如报上所说"雷鸣般的掌声"。总之，毕业典礼并没有像报纸上形容的那样盛大空前。

有些同学还为莎莉文老师抱不平，一面脱下学士服一面愤愤地说："真是太草率了，应该也颁学位给莎莉文老师才对。"

毕业典礼之后，老师带我离开礼堂，直接乘车前往新英格兰地区的连杉，也是我们计划搬过去住的地方。

当天晚上，我与朋友们去奥罗摩那波亚加湖划独木舟，在宁静祥和的星空下，暂时忘却了世人的一切烦恼。

更可气的是，夸大报导毕业典礼的那家报纸，同时还说连杉的住宅是波士顿市市政府送给我的，不但有宽敞的庭院，而且室内堆满了别人送给我的青铜雕塑，还说我有一间藏书数万的巨型图书室，坐拥书城，生活十分惬意。

真是一派胡言。我与莎莉文老师居住的，哪里是如此豪华的房子？事实上那是一幢很久以前就买下的古老农舍，房子的四周附带了七英亩荒废已久的田地。老师把挤奶场与存放陶器的储藏室打通了，变成一个大房间当作书房。在书房里，有盲文书籍一百册左右。虽然相当简陋，不过我已经觉得心满意足了。因为这儿光线充足，窗台上可以摆上盆景，还有两扇可以眺望远处松林的落地玻璃门。莎莉文老师还特地在我的卧室旁边搭出去一个小阳台，以便我高兴时出去走走。

就是在这个阳台上，我第一次"听"到鸟儿在唱"爱之歌"。那天，我在阳台上享受着和风舍不得进房，足足待了一个多钟头。阳台的南边种着蔓藤，枝叶绕着栏杆而上；北边则种着苹果树，每当苹果花开时，扑鼻的香味令人陶醉。

忽然间，我扶着栏杆的手感觉到微微的震动，这种震动给我的感觉就好像把手放在音乐家的喉咙上的感受一样。震动是一阵一阵的，忽行忽止，就在某一个停顿的瞬间，有一片花瓣掉了下来，轻擦过我的脸颊落到地面。我立刻猜想可能是鸟儿飞来或者微风吹过，花瓣才会掉下来。我正在猜测时，栏杆又开始震动了。

　　"到底是什么呢?"

　　我静静地站在那儿，出神地感受着、思量着。这时，莎莉文老师从窗内伸出手来，悄悄地暗示我不要动。她抓着我的手，告诉我："有一只蚊母鸟正好停在你身旁的栏杆上，只要你一动，它就会飞走，所以最好站着别动。"

　　莎莉文老师用手语传给我这些信息：这种鸟的叫声听起来像"飞——普——啊——威、飞——普——啊——威"，我凝神注意这种鸟的叫声，终于能分辨出它的节拍与情调，同时感觉出它的叫声正逐渐加大、加快。

　　莎莉文老师再度传信息给我："鸟儿的恋人正在苹果树上与它应和，那只鸟可能早就停在那儿。噢！你瞧，它们现在开始二重唱了。"

　　停了一会，她又说："现在，两只鸟已经卿卿我我地在苹果花间互诉衷肠了呢!"

　　这幢农舍是我用十年前史波林先生送给我的糖业公司的股票换来的。

　　史波林先生在我们最困苦时候对我们伸出了援助之手。第一次见到史波林先生那年我才九岁，他还带着童星莱特跟我们一起玩。当时这位童星正参加《小公主》一剧的演出。此后，只要我们有困难，史波林先生都竭尽全力帮助我们，而且时常到柏金斯盲校来探望我们。

他每次光临都要带些玫瑰花、饼干、水果分送给大家。有时还请大家出去吃午饭，或者租辆马车带我们出游，童星莱特也多半跟我们一起同行。

莱特是一个美丽又活泼可爱的小女孩，史波林先生常常对我俩说："你们是我最心爱的两位小淑女。"然后很开心地看着我俩一起玩耍。

当时我正在学习如何与人交谈，可是史波林先生总是弄不清我的意思，我因此深感遗憾。有一天，我特地反复练习着说"莱特"的名字，打算让史波林先生惊喜一下，可是不管我多么努力练习，都说不好莱特的全名，我急得哭了出来。等到史波林先生来时，我仍然迫不及待地展现我的练习成果，一遍又一遍地反复多次，好不容易终于让史波林先生懂了我的意思，我又高兴又感动，那种激动的心情至今无法忘怀。

之后，每当我无法清楚地表达自己的意思，或者周围太吵，令史波林先生无法和我沟通时，他就会紧紧地抱住我，柔声安慰我："虽然我不太懂你的意思，可是我喜欢你，而且永远最喜欢你。"

一直到他去世，史波林先生始终按月寄生活费给我和莎莉文老师。他把糖业公司的股票送给我们时，嘱咐我们可以在需要的时候卖掉它。

就因为这样，当老师与我第一次踏进这栋屋子，打开窗户，开始我们新的生活时，无不感到史波林先生似乎与我们同在。

大学毕业的第二年，也就是1905年的5月2日，莎莉文老师与梅西先生结婚了。长久以来，我一直期望着莎莉文老师能遇到一位好人，有一个美满的归宿，因此对于他们的婚姻，我由衷地感到欣喜，并且诚心诚意地祝福他们永远幸福。

婚礼由我们的一位朋友爱德华·海尔博士主持，典礼在一幢白色美丽房子里进行。婚礼之后，新婚夫妇前往新奥尔良度蜜月，母亲则带我回到南部去度假。

六七天后，梅西夫妇忽然出现在我与母亲所住的旅社里，把我们吓了一大跳。在南部初夏的景色中，看到我最喜爱的两个人，让我出乎意料地惊喜，如同做梦一样。梅西先生告诉我："这一带到处洋溢着木兰花的芳香，而且有最悦耳的鸟鸣声。"这对蜜月中的夫妇，可能把啁啾的鸟语视为对他们新婚的最好的祝辞了。

最后，我们一行四人一起回到连杉的家。我隐隐约约听到一些风言风语，多事人纷纷揣测：莎莉文老师结婚了，可怜的海伦一定很伤心，说不定还会吃醋呢！甚至还有人基于这种心理而写信安慰我。可是他们一定没有想到，我不但不会伤心、吃醋，而且日子过得比过去更愉快、更充实。

莎莉文老师是一个心地高贵、仁慈的诚实人，而梅西先生也是一个和善热情的人，他讲的故事常常引我发笑，而且经常灌输一些我应该知道的常识和科学新知给我，偶尔也和我讨论一些当前的文学动向。

我曾经因为打字机故障，延误了正常的写作速度，最后为了赶稿，梅西先生还连夜为我打了四十张稿纸。

当时，我应邀为《世纪杂志》撰稿，文章的题目是《常识与杂感》，主要在描述我身边的一些琐事。由于简·奥斯丁女士曾以同样的题目写过书，因此我把稿子结集出版时，就把书名改为《我所居住的世界》。

写作过程中，我的情绪一直处在最佳状态，这是我写得最愉快的一本书。我写到新英格兰地区迷人的风光，也讨论我所想到的哲学问题，总之，只要思之所至，任何想写的事情都写上去了。

接下去的一本书是《石壁之歌》，这是一册诗集，写作的灵感来自田园。有一天，我们到野外整修古老的石垣，春天的气息和劳动的喜悦，在我心里孕育出一篇篇对春之喜悦的歌颂。

在整理这些诗稿时，梅西先生给予了很大的协助。他毫不客气地指出自己感到不满意的地方，也毫不保留地夸赞他欣赏的诗句。就这样，一篇诗稿总是经过我们吟咏再三，反复斟酌、修改再修改。梅西先生常常说："我们如此尽心、诚实地去做，如果还有不好的地方，那也没有办法了。"

我们抵达连杉后，想起父亲在亚拉巴马的农场，于是开始兴起养家畜、种农作物的念头，打算过朴实的田园生活。刚开始，我们仅有从康桥带过来的那只名叫费兹的狗而已。费兹在我们搬到此地一年多之后就死了，后来我又陆续养了几条狗。我们曾到附近的养鸡场买了几只小鸡来饲养，每个人都很热心地照料它们，没想到，这些小鸡太不给我们面子了，不久计划便告失败。

我们觉得有几间屋子空在那里实在可惜，因此想到把它改成马厩，用来养马。我们买的一匹马野性未驯、凶悍无比，半路上就把送马的少年摔落两三次。然而那位少年把马交给我们时却只字不提，我们也就全然不知。

第二天一早，梅西先生把马牵出来，套上货车，要到镇上去。刚走出大门没几步，马儿忽然暴跳起来。梅西先生觉得奇怪，以为挂在马身上的马具有问题，所以就下车查看。当梅西先生刚把拖车从马身上卸下来，那马忽做人立状，一声长嘶，然后拔腿狂奔，一溜烟跑了。两天之后，一位邻近的农夫看到一只身上还佩戴着马具的马在森林里蹓跶，就把它牵了回来。

不得已，我们只有把这匹失而复得的马卖给专门驯马的人。那一阵子我们的经济状况比较拮据，有人劝我们栽植苹果。于是，我们又买了一百棵树苗，开始种起苹果来。到了第五年，树上开始结果，我很兴奋，在笔记本上记下苹果的数量、大小等等。

一天下午，仆人气急败坏地跑进来大声嚷道："哎呀，不得了！

野牛！野牛！"

我们闻讯立刻跑到窗口去看个究竟，不是野牛，原来是附近山上下来的野鹿，看样子是全家出动。一对鹿夫妇带着三只小鹿，来到我们的苹果园里畅游，它们在阳光下活泼跳跃的身姿，是如此的美妙迷人，大家看呆了。然而就在这时，这群大大小小的不速之客竟然毫不客气地疯狂猖獗了一番。等鹿走后，大伙儿才如梦初醒地出去查看"灾情"，不看还好，一看之下都愣住了。

上帝啊！一百棵苹果树只剩下五六棵了！

就这样，我们企图经营的各种农牧计划全部失败了。然而在我的回忆中，那却是一段既有趣又充实的生活。

在院子里，梅西先生特别用心栽培的苹果树，长得很好，果实累累。每到秋天果实成熟时，我都会拿着梯子去摘苹果，装满一个又一个的木桶。大家一起动手整理庭园时，我总是耐心地拾取地上的枯树枝，捆成一束束的柴薪。

梅西先生还想出一个妙法，就是在室外通往山坡的沿途树干上绑上铁丝，这样一来，我就可以手扶铁丝，独自一个人走到森林里去。森林里面有高高的秋麒麟草，以及开花的野生胡萝卜。那条"铁丝小径"足足有四五百公尺长，也就是说，我不需任何人陪伴，自己就可以走那么远的路，不必担心会迷路。这件事对我的意义非比寻常，即使现在想起来，都还觉得兴奋不已。

许多事在一般人看来似乎是微不足道的，可是，我却在其中充分享受到了自由的滋味，我常常独自走出去晒太阳，心情变得十分愉快。这一切都是梅西先生赐给我的，我由衷地感激他。在连杉那段时间是 1905 年至 1911 年，当时没有汽车，没有飞机，也没有收音机，更不会听到哪个地方发生战争，人人都过着平静而悠闲的生活。

身处当今世界，再回想过去，真有恍如隔世之感。

遇见马克·吐温

　　早在1894年，我还不懂事时，就听过吐温先生的大名了，随着年龄的增长，他对我的影响也越来越深刻。他教给我人情的温暖、生命的可贵。除了贝尔先生与莎莉文老师以外，我最敬爱的就是吐温先生了。

　　我第一次见到吐温先生，是在纽约的劳伦斯·荷登先生家里，当时我只有十四岁。当我跟他握手时就有一种直觉："啊！这就是能够给我帮助的人。"那天，他的风趣谈吐使我觉得十分开心。之后，我又分别在荷登先生与洛奇先生家中与吐温先生见过几次面。遇到重大的事情，我们就互相通信。

　　吐温先生是一个感觉敏锐的人，很能体会残障者的心情，他时常为我讲述一些感人的小故事以及他亲身经历的有趣的冒险故事，让我看到人生光明的一面，借以鼓励我。

　　有一天晚上，吐温先生在荷登先生的书房里对着许多名流演说，听众包括日后的威尔逊总统。他演说的内容是有关菲律宾的现状，他说:"大约六百名菲律宾妇孺躲在某座死火山的火山口中,而范史东上校竟把他们悉数围杀了。几天后,这位上校竟又命令部下假扮敌军,逮捕了菲律宾的爱国志士阿基纳多等许多人。"吐温先生义愤填膺地痛责这位嗜杀的残酷军官,并且很感慨地表示:"如果不是我亲眼见到、亲耳听到,真不敢相信世上会有这种毫无人性的人。"

无论是政治事件或战争,也不管是菲律宾人、巴拿马人或任何落后地区的土著民族,吐温先生反对一切不人道的事情。他不甘于缄默,一定会大声地抨击,这是他一贯的作风。他不齿那些自我吹嘘的人,也看不起没有道德勇气的人,在他看来,一个人不但要知道何为是何为非,而且要毫不畏惧地指责那些伪善者的恶行。因此,他常常毫不留情地向恶势力挑战。

吐温先生一向很关心我,事无巨细,只要与我有关,他必然十分热心。而且,所有认识我们的人当中,他是最推崇莎莉文老师的,因此,他一直是我们最亲密的朋友之一。

吐温先生与夫人情深意切,不幸夫人比他早逝,为此,他哀伤不已,感觉生活中少了许多东西。他常对人说:"每当来拜访我的客人离去之后,我总是一个人孤单单地坐在火炉前,备感孤独寂寞的难耐滋味。"

在夫人去世后第二年的一次谈话中,他提到:"去年是我有生以来最悲伤的一年,如果不是因为我有许多工作可以打发时间,几乎要活不下去了!"此后,他也常为了没有更多的工作而觉得遗憾。

还有一次,我安慰他说:"请不要想那么多,全世界的人都尊敬您,您必会名留青史的。萧伯纳把您的作品与伏尔泰的文章相提并论,而评论家吉卜林也把您誉为美国的塞万提斯呢!"

听了我的话,吐温先生回答道:"你不必说这些话来安慰我,海伦,你知道吗?我所做的一切事情只有一个目标,那就是引人们发笑，因为他们的笑声令我感到愉快。"

马克·吐温先生是一位美国文学史上占有重要地位的文学家。不仅如此，我认为他是一个真正伟大的美国人，因为他具有美国先民开疆拓土的精神，他崇尚自由、平等，个性豪迈爽朗，不拘小节，而且十分幽默。

总之，他具有开国时代美国人的一切优点。他在看过我所写的《我所居住的世界》一书后不久，写了一封令我们又惊又喜的短信，信上写道："请你们三位马上到舍下来，与我一起围坐炉前，生活几天如何？"

于是，我们一行三人十分高兴地整装出发了。到达当地火车站时，马克·吐温先生派来接我们的马车早已等在那儿了。时值2月，远近的大小山丘都覆盖着一层白雪，沿途的树枝上挂满了参差的冰柱，松林里吹来的风带着淡淡的清香。马车缓缓地行进在曲折的山路上。

马车好不容易爬上一段坡路，眼前出现了一幢白色的建筑物，接我们的人说，吐温先生正站在阳台上等着我们呢。马车终于进入了巨大的石门，他们又告诉我："啊！吐温先生在向我们招手呢！"然后接着说："吐温先生身着雪白的服装，银白的头发在午后的阳光下闪闪发光，就像浪花拍打着岩石时激起的白色泡沫，充满了活力。"

我们很舒服地坐在熊熊的炉火前，喝着热腾腾的红茶，吃着涂了奶油的吐司，感到无比的舒适。吐温先生对我说，这种吐司如果再涂上些草莓酱会更好吃。

休息过后，吐温先生主动地表示，大凡一般访客都喜欢参观主人的居处环境，相信我们也不例外，所以提议带我们到宅内各处去走走。

在主卧室旁边，有一条走廊状的阳台，阳光可以直射进来，是主人经常流连之处，那里有许多美丽的盆栽花草，野趣盎然。通过走廊，就是饭厅，然后又是另一个卧室。走着走着，我们来到一间有桌球的娱乐室，据说这是吐温先生最常逗留的地方。吐温先生领我们走近球台，他亲切地对我表示要教我玩球，我听了就直觉地问道："打桌球必须用眼力，我恐怕没有办法玩。"

他很快又说："说得也是，不过如果像洛奇先生或荷马先生这样的高手的话，闭上眼睛也照样可以玩得很好。"

接着，我们往楼上走，参观主人的卧室。太阳即将西沉时，我们就在大落地窗前眺望外面的景色。

"海伦，你不妨想象一下，我们站在这儿可以看到些什么景象。我们所在的这个丘陵是一片银白色的世界，远处是一大片辽阔的松林，左右两侧是连绵不绝的大小山丘，其上有断断续续的石垣，头顶是微带灰暗的天空。整个景象给人的感受是自由的，因为它相当原始，令你觉得无拘无束。你闻闻看，那阵阵的松香是不是妙透了？"

我们的卧房邻着吐温先生，室内的壁炉上摆着一对烛台，烛台旁是一张卡片，整齐地列出房间内贵重物品的放置地点。他这么做是有原因的，原来此处曾遭小偷光临，吐温先生为了免于在三更半夜再受干扰，干脆明白地指出放置地点，想偷的人就自己去拿吧！这种做法很合乎吐温先生的幽默个性。

用餐时，客人们唯一的任务就是安心吃饭，而主人则担任娱乐宾客的角色。我们常感到吃了一顿丰盛的饭菜后，不向主人道谢会于心不安。可是吐温先生的想法不同于一般人，他惟恐客人们在用膳时气氛太沉闷，因此常说些笑话来逗乐大家，他在这方面确实很有天赋，每句话都那么生动有趣。

他甚至常站起身来四处走动，一会儿在餐桌这头，一会儿到餐厅那头。有时一面说着故事，一面走到我身后，问我最喜欢什么。心血来潮时，就随手摘朵小花，让我猜猜是什么花，如果我正好猜中，他就高兴得又笑又叫，像个孩子。

为了测验我的警觉性，吐温先生会忽然偷偷地潜到另一个房间，弹奏风琴，并观察我，看看我对琴声所引起的振动是否有反应。后来莎莉文老师对我说，吐温先生一面弹琴，一面观察我的样子非常有趣。

吐温先生家的地上铺的是瓷砖，因此一般的声音我不太有感觉，可是音乐的振动会沿着桌子传给我，因此我有时会很快就察觉，这时，吐温先生会比我更兴奋。

晚饭之后，我们就坐在壁炉前聊天，度过一天中最快乐的时光。每天早上10点钟左右会有仆人来叫醒我。起床之后，就去向吐温先生道早安。这时他多半穿着漂亮的晨裤，半靠在枕头上，口述文章，而由秘书速记下来。某天，他一看到我进房，就对我说："今天午饭之后，我们一块儿出去散步，看看这附近的田园风光好吗?"

那天的散步非常愉快。吐温先生穿着厚毛皮外套，戴着皮帽，他亲切地牵着我的手，一面在曲折的小路上走着，一面向我讲沿途的景色。根据吐温先生的描述，我知道我们在一条介于岩壁与小河的小径上，景色优美，令人心旷神怡。

饱览了小溪与牧场的风光后，我们来到爬满藤蔓植物的石垣前，细数石头上残留的岁月痕迹。

走了一段不算短的山路，吐温先生感到有些疲倦了，决定由梅西先生先行回去叫马车来接我们。梅西先生走了之后，吐温先生、莎莉文老师与我三个人打算走到山腰上的大路上去等马车。

可是从我们所在的地方到山腰的大路仍有一段距离，其间要经过一段满是荆棘的窄路，以及一条冰冷的小溪，最后是一片长满青苔的滑溜地面，好几次都差点摔跤。

"从草丛穿过去的路越来越小，你一直沿着它走，就会尾随松鼠爬到树上去。"吐温先生虽然走得很疲累，仍然不失其幽默的本色，依旧谈笑风生。可是路确实越来越窄，后来几乎要侧身而行。我真的开始担心是否迷了路，然而吐温先生又安慰我说："不必担心，这片荒野在地图上是找不到的，换句话说，我们已经是走进地球形成之前的混沌中。而且，我发誓大路就在我们视线可及的那一边。"

他说的不错，大路就在离我们不远处，问题是，我们与路之间横着一条小溪，而且溪水相当深。

"到底要怎样渡过这条小溪呢？"正当我们彷徨无计时，梅西先生与马车夫的身影出现了。

"你们稍等一下，我们来接你们。"

梅西先生与马车夫立刻着手拆除附近的一道篱笆，搭成一座临时的小桥，我们得以顺利通过。

日后，我再没有经历过如此愉快的散步了。当时我曾一度为我们的冒险感到担心，继而一想，只要吐温先生在场，即使真的迷了路也很有趣。这一次散步就此成为我生命中一段珍贵的回忆。

我们在吐温先生家盘桓数日，临走的前一夜，吐温先生朗诵《夏娃的日记》给我们听。我伸手轻触他的嘴唇，清楚地感受到他的音调犹如音乐般悦耳感人，每个人都听得入神。当他念到夏娃去世，亚当站在墓前的那一幕时，大家都流下泪来。

欢乐的时光一向过得特别快，我们不得不整装回家了。吐温先生站在阳台上目送我们的马车远去，一直走了好远好远，还看到他在频频挥手，马车上的我们也频频回首，望着那幢在视线中逐渐变小的白色建筑，直至它在暮色苍茫中成为一个紫色的小点为止。

"不知道什么时候才能再见到他。"车上的人都不约而同地这样想，可是谁也没有料到，这竟是最后一次的会面了。

吐温先生去世之后，我们曾再来过这所住宅，但已人事全非，那间有大壁炉的起居室内，已显出乏人整理的冷清零乱，只有楼梯旁的一盆天竺葵兀自开着花，似乎在怀想过去的那段令人难忘的时光。

不服输的人

我总算可以在众人面前说话了，虽然声音不够优美，可是比起不会讲话来，能够开口对我的工作的进展帮助很大。

在大学求学时我就常想："我努力求取知识，目的在于希望日后能活用，为人类社会贡献一点力量。这世界上总会有一两件适合我做，而且是只有我才能做的事情。可是，是什么事呢？"我虽然常常思考着，却始终没有找到答案。

奇怪的是，朋友们倒都替我想好了，有的说："你不必勉强自己接受大学教育了，如果你把精神用在与你有相同遭遇的儿童教育上，对社会的贡献必然更大，而且这正是上帝希望你去做的事。经费的问题你不必担心，我负责去筹募。你意下如何？"当时我答道："我理解你的意思，可是在完成大学的学业之前，我暂时不考虑此事。"

虽然这么说，可是这位朋友初衷不改，一直努力试图说服我，不时对莎莉文老师和我进行疲劳轰炸。到最后，我们实在是疲于应付，索性不与他争辩了，而他竟误以为我们已默许了。第二天一大早，我们都还未起床，这位朋友已在前往纽约的途中了。他到纽约、华盛顿等地遍访朋友，宣称我计划献身盲人教育工作，而且有意立刻着手进行。

赫顿夫人听到这一消息十分惊讶，立刻写信给我，表示要我尽快赶往纽约，以便说明事实真相。于是，我与老师只好风尘仆仆赶往纽约，拜访那些资助我的先生们。其时，洛奇先生正好有事，不能前来，由马克·吐温先生代表他。几个人为此事聚首讨论时，马克·吐温先生最后下结论般地说："洛奇先生明白表示，他不肯在这种事上花一分钱。"那位先生大言不惭地说："要海伦去替那些盲童设立学校是上帝的旨意，可是我并没有看到上帝所下的命令文件呀！那位先生一再强调是上帝的意思，难道他身上怀有上帝给他的委任状？否则他怎知只有这件事是上帝的旨意，而其他的事就不是呢？这种话实在太难叫人信服。"

类似的事情在我大学毕业之前发生过不止一次，有些人竟然叫我出任主角，四处去旅行表演，也有人计划由我出资把所有的盲人都集中在一个城市里，然后加以训练。我对提出这些计划的人说："你们的计划并不能让盲人真正独立，所以很抱歉，我不感兴趣。"听了我的答复，对方居然很生气地指责我是个利己主义者，只肯做对自己有利的事情。

幸好，贝尔博士、洛奇先生以及其他几位热心帮助我的先生，都很开明、慷慨，他们给我最大的自由让我去做我喜欢的事，从不加以干预。他们的做法令我感动，也给了我很大的启示，我暗自下决心：只要是真正有益人类社会的事情，而又是我能做的，我都将全力以赴！

可以真正替盲人贡献心力的时机终于来临了，那是我大学三年级的时候。

有一天，一位自称是查尔斯·康培尔的青年来看我，告诉我他的父亲毕业于柏金斯盲校之后，在伦敦设立了一所高等音乐师范学院，致力于英国的盲人教育，而他本人此行的目的是劝我加入以促进盲人福利为宗旨的"波士顿妇女工商联盟"。我很快就加入了这一组织，我们曾一起到议会去请愿，要求为保护盲人而成立特别委员会。

这个请愿案顺利获得了通过，因此特别委员会也很快成立了。而我的工作也以特别委员会为起点，有了一个很好的开端。

首先，我们在康培尔先生的指挥下，调查盲人所能从事的一切工作。为此，我们成立了一个实验所，专门教导盲人做些手工艺一类的副业。为了销售盲人的劳动产品，我们又在波士顿开设一家专卖店，其后，在马萨诸塞州各地设立了好几处同样的商店。

在搬到连杉之后，我就更加专心致志地思考盲人问题了。在我看来，有两件事为当务之急：第一件事是如何使每个盲人学会一种技艺，而具备自食其力的能力。同时为了使盲人彼此之间便于联络，也为了使职业调查更易于进行，应该有一个全国性的机构；第二件事是为了提高盲人的教育水准，应把目前美国、欧洲等地现有的几种盲文统一起来。

有一天，纽约的摩洛博士来到我们的委员会，提出失明的预防办法："目前，盲校中的儿童，约有三分二是因为在出生时眼睛受到病菌感染而失明的。像这种情形，如果我们在孩子出生前先加以消毒、防范，是绝对可以避免的。"

博士因此力主婴儿一出生就应该做眼睛消毒，而且认为应把这点在法律上明文规定，为了达到此一目的，他希望我们的委员会能积极带动舆论。

"你既然知道病因所在，为什么一直没有采取行动呢？"我们都不约而同地反问他。他带点无奈地说："老实说，所谓的病菌感染，就是这些孩子的父母曾做了不名誉的事，而染上不可告人的病。这种情形连医生都无法公开说出来，报纸、杂志也都避而不谈，我当然没有办法，因此才来请你们帮忙。"

原来有这种障碍存在，委员会的所有成员听了博士的说明后，都同意尽力推展这项工作。可是正如摩洛博士所说，事情并不简单，因为医生与大众传播机构对此事都有很深的成见和忌讳，不肯轻易打破避免谈这类问题的习惯，因此都对我们表示爱莫能助。

如此又过了两年，也就是1907年，我到堪萨斯市，与一位眼科大夫谈到此事，他说："这种事以报纸的效果最大，你们为什么不去拜访《堪萨斯市明星报》的总编辑呢？说不定他会答应让你们在报上讨论盲童的问题。"

我立刻安排拜会明星报总编辑尼尔逊先生，可是他却非常干脆地一口回绝了我的要求。我当时很失望，或许是我沮丧的表情打动了他，他忽又改变了语气："这样好了，你们要写什么尽管写，可是能不能刊载的决定权在我们，好吗？"

我很快写了几个真实的例子送过去，结果尼尔逊先生把这篇稿子登在明星报的第一版上面。至此，我们总算克服了第一道难关。

同一年，《仕女杂志》刊载了同一问题的文章，我又陆续写了几篇稿子，于是全国的报纸、杂志纷纷加以转载，扩大讨论面。之后，如《盲人世界》、《盲人杂志》等一类专门讨论盲人问题的杂志，接二连三也创办起来了。

我还受托在《教育百科全书》上发表了有关盲人的论文。从此，我的工作量逐渐增多，稿约不断，甚至有点应接不暇，经常还得出席各种会议和演讲。

生活的步调忽然变得十分匆忙，往往急忙忙地赶到会场，开完会回到家，已有另一项邀请在等着自己，有时在同一天内要连赶五六场。此外，信件也特别多，处理的时间相对地增加。由于过于劳累，老师与我都感到吃不消，身体也搞垮了。

虽然我们忙得应接不暇，可是生活上仍感拮据，有一阵子连女仆都雇不起。于是，莎莉文老师每天早上送梅西先生到火车站后，回程时顺道去买菜。这时，在家的我就得擦桌椅、整理房间、收拾床铺，然后到花园里摘花来插，或者去启动风车贮水，还得记住去把风车关掉等等。我的工作量相当重，偏偏这个时期的稿约、信件又特别多。

1906 年，由州长推荐，我出任马萨诸塞州盲人教育委员会的委员。每次委员会开会时，莎莉文老师总是坐在我身边，以手语向我转述会议进行的情形。我的感想是，每位委员都喜欢做冗长无味的演讲，那些不着边际的质询、回答等官样文章更叫人疲惫不堪，因此在担任此职四五个月之后，我便请辞了。

但是，想真正有心地为盲人谋福利就非得通过团体的力量不可，惟有这样才能唤起舆论的注意与支援。因此我仍然必须出席各种公开场合，参加如医师公会或其他公会的会议。为此，我必须多加练习演讲的技巧，以期在面对大众时更具说服力。

基于此目标，我曾先后向多位老师学习表达的技巧，可惜效果都不尽理想。就在此时，我遇到了波士顿的怀特先生，他精研音乐理论，对人类的发声机能很有研究，我抱着碰运气的心理去请他帮忙。

"我也不知道自己能做到什么程度，不过对我而言，这也算是一种研究工作，我们不妨试试看吧！"怀特先生很爽快地答应了我的请求。

于是从 1910 年起，怀特先生每星期六都来到连杉，住在我们家，星期日才回去。他停留的这段时间也就是我上课的时间。

在我十岁时，莎莉文老师曾带我去找郝拉先生，那是我首次学习发声法。郝拉先生为了让我了解声音响起所引起的振动，就抓起我的手放在他脸上，然后慢慢发出"ARM"的声音，并要我尽量模仿。就这样反复练习，可是由于我太紧张，勉强发出的声音显得很杂乱。

"把你的喉咙放柔和些，舌头也不要太用力。"

他耐心地指正我，应在练习发音前先使发声器官发达才对，而且应该从孩提时起就不断地练习，如此我的声音必可练得更美妙，同时也可记住更多的单字。因此，我希望聋哑教育能及早教导聋哑儿童练习发声。

怀特老师原本抱着试一试的心理，可是越教越感兴趣，竟连续教了我三年之久，而且其中两年的夏季几乎一直住在连杉。

怀特老师的训练方式是从训练发声器官开始，然后练习发音，最后才教节奏、重音及声音的音质、音调。如此，经过三年之后，我终于勉强可以在大众面前开口说话了。莎莉文老师与我首先在新泽西州的蒙他克雷做实验性的演讲，那是一次相当吃力的实验，现在想起来都觉得心有余悸。我站在讲台上一直发抖，一句话也说不出来，虽然早就拟好的讲稿已经在喉头上打转，可偏偏发不出声音。最后，我终于积存了足够的勇气，用尽全力喊出声来，此时我自己感觉犹如射出一发大炮，可是后来别人告诉我，我的声音小得跟蚊子一般。终究，我不是一个容易服输的人，虽说做得十分吃力，但仍然把预计的演讲完成了。从讲台上走下来后，我不禁哭出声来，懊恼地说道："说话对我而言实在太难了，我有点不自量力，做不到的事总归是没有办法。"

不过，事实上，我并没有因此真的丧失信心，相反，我又重新鼓起勇气开始更勤奋地练习。现在，我总算可以在众人面前说话了，虽然我的声音不够优美，可是比起不会讲话来，能够开口对我的工作进展帮助很大。至此，我的梦想总算实现了一部分。

鼓起勇气上台演讲

刚学会说话时，我还不太敢到外面演讲，因为往往不知道说些什么才好。不过，每当我演讲时，总有来自各个阶层的听众，有老人，也有小孩，有富翁，也有穷人，乃至盲、聋、哑等种种身体上有残障的人。我一想到有许多听众跟我一样是不幸的人时，就极力想办法安慰、鼓励他们。

由于我与老师很受欢迎，因此我们才有勇气开始到各处去演讲。

莎莉文老师是一位天生的演说家，她生动的描述，常令听者深受感动，尤其在听完老师如何苦心教导我的过程后，每个人都不禁为之动容。莎莉文老师的演讲通常需要一个小时左右，这时我就默默地坐在一旁阅读随身带来的盲文书籍。

老师讲完就轮到我，有人会来引领我上台。我首先以手指放在老师的口唇上，向台下的人证明我可以经由老师的嘴唇的动作知道她在说些什么，然后我就开始回答听众们提出来的问题。通常，我都趁机向他们表示，只要有信心、恒心与毅力，人类的潜能往往能达到某种我们难以想象的程度。同时，我也说明人类应该互助合作的道理。

令我着急的是，自己虽然经过一段时期的巡回演讲，可是在说话的技巧上并没有太大的进步。我自我感觉发音不够准确，以致有时听众们根本不知道我在说些什么。有时，说到一半时会冒出怪声，或者声调单一而且低沉。我一再努力想改善，但始终无法发出清脆悦耳的声音来。

每当我想强调某句话，让听众们都能听清楚时，我的喉咙更是跟我作对，舌头也变得不灵光，几乎发不出声音来。这时，我当然又紧张又着急，可是越急就越糟，别提有多狼狈了！在这种情形下，我总会想到自己的演讲是多么糟，而且相信只要现场有一点声响，我的声音就会被完全掩盖，因此我感到非常不自在。也因为如此，当我感觉场内有椅子移动或场外有车子驶过的声音时，就情不自禁地焦躁起来。

令我感动的是，听众们总是非常耐心地从头听到尾。每当我讲完以后，观众不论听懂多少，总是报以最热烈的掌声，有些人还特地上前对我表示感谢和鼓励。

我的演讲固然是十分笨拙，不过莎莉文老师的演讲相当精彩，她多半是向大家讲述教导我的过程，由于她的口才很好，因此每个人都听得津津有味，有时连我都被老师的演讲内容所感动，甚至忘了拍手。

起初，我们只在新英格兰及新泽西州附近演讲，后来就逐渐扩大范围到较远的地方去。

1913 年，我们前往华盛顿演讲。当我们抵达华盛顿时，正值威尔逊总统就职典礼前夕，所以联合通讯社便嘱托我将总统就职典礼的盛况报导给读者们，于是我得以亲历典礼的整个过程。

典礼举行的当天，是一个多云的日子，阴天是阅兵最理想的天气。这一天，华盛顿市区内热闹非凡，大家都往高处跑，希望能找到一个观看阅兵的最佳位置。行进中的军队，雄赳赳气昂昂，兵士个个都精神抖擞，令观众也为之精神一振。军乐队走在了最前面，奏着雄壮的进行曲，一切是如此热烈、欢欣，我当时不禁想着："希望这些可爱的年轻军士们不要卷入残酷的战争中，他们只要身着整齐漂亮的军服，对着总统敬礼就好了。"

不料，没有多久，第一次世界大战爆发了。我反对战争，但是却毫无办法！是的，我哪有能力去阻止呢？

怀念贝尔博士

　　我在华盛顿的演讲到底是安排在威尔逊总统就职典礼之前或之后，我已经不复记忆了，可是我永远不会忘记的是，当时贝尔博士和我们在一起度过了一段最愉快的时光。

　　其实那一次在华盛顿，并不是我第一次与贝尔博士同时站在讲台上，早在我十岁时，就曾与贝尔博士一起出席聋哑教育促进大会了。

　　对于一般人而言，一提到贝尔博士，大家就联想到电话的发明者，或者致力于聋哑教育的大慈善家。可是对我个人来说，他却是一位至亲至爱的好朋友。真的，贝尔博士与我的交往历史最为长久，感情也最好。

　　我之所以如此喜欢贝尔博士，可能因为他在我的生命中比莎莉文老师出现得更早。当时的我仍生活在一片黑暗之中，他却对我伸出了温暖的友谊之手。也由于贝尔博士之助，安那诺斯先生才会把莎莉文老师介绍给我，因为博士一开始就非常赞赏老师的教导方式，他曾经钦佩地对老师表示："你对海伦的教育方式，我认为可以作为所有教育家们最宝贵的参考资料。"

贝尔博士对聋哑教育的热心可以说是众所皆知，这种热心还是家传的呢！原来贝尔博士的祖父正是口吃矫正法的创始者，而他的父亲梅尔·贝尔先生则发明了聋哑教育上的读唇法。梅尔·贝尔先生相当幽默，他从不因为自己对聋哑人的贡献而沾沾自喜，反而轻描淡写地对儿子说："这种发明一点都不赚钱。"

贝尔博士则一本正经地答道："可是这种发明却比电话的发明更重要。"

贝尔博士更是一个非常孝顺的儿子，父子间感情之深之笃，知者莫不敬佩羡慕。博士只要有一两天没有见到父亲，就会说："我得去看看我父亲了，因为每次跟他聊天都会有所收获。"

博士那幢典雅美观的住宅正好位于波多马克河入海口的河畔，风景十分优美。我曾见到他们父子二人并肩坐在河边，边抽着烟，边望着过往的船只，十分悠闲。偶尔有较稀罕的鸟声传来时，贝尔博士就说："爸，这种鸟声应该用什么记号来代表比较好呢？"于是父子二人便展开了忘我的发声学研究。他们父子分析任何一种声音，然后将之转换成手语表达出来。或许由于他们专门研究声音，因此父子二人的发音都非常清晰，也极为动人，倾听他们的谈话可以说是一大享受。

不仅对父亲，贝尔博士对母亲也非常孝顺。在我认识他时，他的母亲患有严重的听力障碍，几乎都快聋了。

有一天，贝尔博士驾车带我和莎莉文老师到郊外去玩，采了许多漂亮的野花。归途中，贝尔博士忽然想到要把野花送给母亲。他俏皮地对我们说："我们就从大门直冲进去，让我爸妈大吃一惊。"

话是这么说，可是当我们下了车，将要登上大门的台阶时，博士忽然抓住我的手，告诉我："我的双亲好像都在睡觉，请大家安静点，轻轻地走进去。"我们三人都以脚尖着地悄悄地向前走，把花插在花瓶里又折回来。

我很庆幸自己能结识这样一家人，而且常常去拜访他们。老太太喜欢编织，尤其擅长花草的图案，她抓着我的手，亲切而耐心地教我。贝尔博士有两位女儿，年纪与我相近，我每次去的时候，她们都把我当成自家人一般看待。

贝尔博士是一位杰出的科学家，有不少知名的科学家常常是他的座上客，如果我正好也在场的话，贝尔博士就会把他们的对话一一写在我的手上。贝尔博士以为："世界上的事情无所谓难易，只要你用心去学习，一定可以了解。"我用心倾听，乐此不疲，不管是否真的听懂了。

贝尔博士是一个不折不扣的雄辩家，只要他进入房间，短短的两分钟之内就一定能够吸引所有人的注意力，每个人都乐于听他讲话，这是他异于常人的魅力所在。虽然如此，贝尔博士并不会因此就把自己的主观意识强加于他人，相反地，他非常虚心，对于不同的意见，往往很客气地说："是吗？也许你的想法是对的，我要再好好思考一下。"

唯有一项是他十分坚持的，就是在聋哑教育上。他坚持口述法比手语法更好，理由是："当一个聋哑者以手语来表达时，必然引来一般人异样的眼光而产生隔阂，也因此使他们很难达到普通人的知识水准。"

也许有人不同意这种意见，但相信每个从事聋哑教育的人，一定都不会不敬仰贝尔博士在聋哑教育上的伟大贡献。他没有任何野心，更不企望任何回报，只有本着科学的态度，大力推广聋哑教育事业。他曾自费从事各种研究，还一度创办过学校，英国聋哑教育促进协会就是他创立的。由于发明电话而得到一笔钱，他把这些钱用来作为聋哑者的奖学金。为了使聋哑的孩子们能像正常人一样说话，贝尔博士尽了最大的心力。

贝尔博士本是苏格兰某一偏远地区的人，但移居美国已经很久，所以算是真正的美国人了。他热诚开朗、秉性善良、待人亲切，因此深获朋友们的敬爱。

在日常的闲谈中，他常把话题转到与科学有关的方面去。某次贝尔博士告诉我们，打从他年纪还小时就想铺设海底电缆，不过直到1866年此梦成真之前，他失败过无数次。当时，我年仅十二岁，所以把他的话当成神话故事般听得入了神，尤其听到他说人们将可经由深海里的电缆与遥远的东方通话时，我的印象极为深刻。

贝尔博士曾经带我到首次把电话应用在日常用途上的那栋建筑物里面去，他告诉我说："如果没有助手汤玛斯·华生的帮忙，也许电话的发明不会像目前这么完备。"

在1876年3月10日，贝尔博士对在另一个房间工作的华生先生说道："华生，我有事，请你过来一下。"

人类历史上第一次启用电话时所说的就是这句话。突然听到这句话的华生，当场吓了一大跳。

"第一次通话应该说些更有意义的话才对呀！"我听完了贝尔博士的描述后，说出自己的意见。贝尔博士马上回答："你错了！海伦，这个世界必将越来越繁忙，利用电话来传送的应该是像'我有事，请你来一下'这类有实际需要的话。"

除了电话之外，贝尔博士还发明了对讲机、感应天平等许多有用的东西。如果没有贝尔博士所发明的电话探针，恐怕无法找到谋杀加富尔总统的凶手吧！

在我的记忆里，有关贝尔博士的事情太多太多，很难说得完，尤其是他所留给我的都是最美好的回忆。记得有一次，我们一起到匹兹堡去看烟火，当烟火冲上天空的那一瞬间，我们竟高兴得又笑又叫："哇！看啊！河水着火了！"

现在，我仍然可以很清楚地回忆出贝尔博士与他的女儿们一起坐在游艇的甲板上赏月的情景。

那天晚上，与我们同住在船上的还有一位纽康博士，他兴致勃勃地对我们大谈月食、流星及彗星的种种情况。

贝尔博士对我的关心不亚于我的父母，他时常对我说："海伦，你还年轻，来日方长，所以应该考虑一下婚姻的问题。莎莉文老师总有一天会结婚的。那时候，又有谁来陪伴你呢？"

我总是回答："可是我觉得自己目前很幸福，何况有谁愿意和我这样的人结婚呢？"

话虽然这么说，但我可以感觉出贝尔博士是真心地在为我的未来担心。当莎莉文老师与梅西先生结婚时，贝尔博士再次提到这件事："你看，我不是早就对你说过吗？不过现在还不算迟，你应该听我的话，赶快建立一个家庭了。"

"您的好意我完全了解，可是一个男人若娶了我这样的妻子，岂不是太可怜了吗？我根本不能做任何事，只会徒然增加丈夫的重担。"

"也许你不能做很多家事，但我相信会有善良的男孩子喜欢你的，如果他不计较这些而同你结婚的话，你可能会改变主意吧？"

正如贝尔博士所说，我后来确实曾经动过心，这些暂且不谈。

我最后一次见到贝尔博士是在1920年，当时他刚从苏格兰回来，对我说："虽然应该算是回到故乡去，可是内心里却有一种身处异国的落寞感。"

然后他又谈到飞机，一副非常感兴趣的样子，而且表示要研究飞机的制作。他预测，不出十年，纽约与伦敦之间就会开辟航线，而且在大建筑的顶上会有小型飞机场，就像现在家家有车库一样，以飞机当交通工具的时代将来临。博士还说，下一次世界大战将会以空中为主要战场，而潜水艇在海上的地位将比巡洋舰更重要。

他的另一项预言是："学者们将来会发明出冷却热带空气的方法，或者是使热气流到寒冷地带去，然后让南、北极的冷空气流到热带来调节冷热，使地球上的每个地方都适合人类居住。"

我每次听到这类乐观的科学预言总是倍感兴奋，不过我没想到预言会那么快应验。因此，当我在六年后听说法国的学者们真的利用海洋来调节气候时，还着实吃了一惊呢！

那一次会面，当我与他挥别时竟格外感到依依不舍，似乎已预感到这将是最后一次见面了。我的预感竟不幸成真！

贝尔博士在 1922 年 8 月 3 日去世，遗体就葬在本市雷山顶上，说起来这个地方还是他自己选的，记得某次他指着山顶说："海伦，那就是我长眠的地方。"

他很坦然地说了这句话后，还随口朗诵了一段布朗宁的诗句：

流星飞，在云际；雷电闪，在星云交会处。

当我从报纸上读到贝尔博士去世的消息时，我清楚地意识到已经丧失了一生最珍贵的友人。

当我们结束长程的演讲旅行后，疲累地回到连杉，我和莎莉文老师都不禁对未来感到茫然不安。我们的经济越来越拮据了。过去，洛奇先生定期资助我们生活费，在老师结婚之后，这笔生活费便减少了一半。我们本希望靠稿费来弥补，可是却无法如愿。

我们的贫困并不是秘密，有人主动表示要帮助我们，钢铁大王卡耐基先生就是其中之一。他不知从哪里听到我们的事情，1911 年他获悉我们在经济上有困难时，曾对我的朋友法拉表示可以赠给我们一笔款项。

法拉把这件事转告了我，我请他在不失礼的情形下予以婉拒。当时的我年轻气盛，心想不必倚仗他人，照样可以活得下去。

虽然我拒绝了，可是卡耐基先生仍然非常客气地请我好好考虑一下，只要我需要，他随时愿意提供给我一笔款项。

又过了两年，一次我与老师前往纽约，卡耐基夫妇请我们到他们家里去。卡耐基夫妇都是和蔼可亲的人，他们的掌上明珠玛格丽特小姐当时年仅十六岁，是一个人见人爱的美丽少女。我们正在谈话时，这位小姐跑进房中，卡耐基先生又爱又怜地望着爱女，笑着说："这就是我们家的小慈善家，一天到晚就在我们耳边嘀咕着，告诉我们要如何去帮助那些需要帮助的人。"

我们一面喝着红茶，一面很轻松地聊天，卡耐基先生忽然想起来问道："你现在还是不想接受我过去对你的提议吗？"

我笑着回答："是的，我还不肯认输。"

"你的心情我可以理解，可是你有没有站在别人的立场想一想呢？如果你能体会到对方被拒后的感受时，你还会坚持己见吗？"

他的这番话，使我大感意外，因为我从来没想到大富翁也有他的义务。他如此重视家人的感受与快乐，更是令我感动！

随后卡耐基先生再次强调，只要我有需要，请不要客气，随时可以向他开口。

他又谈到我与老师的演讲，问我们要说些什么，入场券一张多少钱等等。

"我打算以'幸福'为题发表演讲，入场券1至1.5美元。"我如此回答时，没想到他竟说："啊！这种票价太贵了，我想如果一张5毛钱的话，就可以有更多收入。对了！就是这样，票价一定不能高过 7 毛 5。"

我与老师仍然继续着我们的演讲生涯。那一年秋天，老师接受了一次大手术，由于身体太虚，无法再继续旅行演讲了。幸好我在夏天写了五六篇文章，因此短期内不必求助于人。我苦撑了一段时间以后，却不得不面临投降的困境了。

那是隔年的 4 月，我们前往缅因州演讲。我们自己开车进城，天气忽然间变得很冷。第二天早上醒来时，我发觉老师生病了，而且相当严重。这个地方我们第一次来，人生地不熟，附近又没有朋友，真不知如何是好。最后，好不容易才想到请旅馆的人派车送我们回家。一个星期之后，我只好写信给卡耐基先生求援。

他的回信很快就来了，同时附了一张支票。他在信上说："老实说，我觉得命运对我太优厚了。你在世人心目中的地位是如此崇高而德善，竟然肯给我这种机会，我觉得太幸福了。施比受更幸福，因此，应该说感谢的是我而不是你呀!"

就这样，我与老师暂时可以不必为金钱伤脑筋了，可是却发生了一件令我伤心的事——梅西先生和老师分居了。

梅西先生确实也很辛苦，不过导致这种结果当然还有许多其他的原因，对于这些，我是不便发表任何意见的。

热烈的反战运动

1913 年秋，我们又开始忙于访问和演讲旅行。在华盛顿，我们乘过摇摇晃晃的乡下电车；在纽约州，我们搭过第一班早车，这班车子每经一处农舍就停下来收牛奶，一路上不知停了多少次。

我们到德克萨斯与路易斯安那时，正值洪水刚过不久，路面仍有不少积水。我们虽然安坐车内，仍然可以感受到汹涌的洪水冲打着车厢。忽然间传来"砰!"的一声巨响，乘客们纷纷探头外望，原来有一截粗大的浮木撞在车厢上。水面上飘着许多牛马的尸体，令人触目惊心。我们搭乘的那列火车的车头，竟然拖着一株连根拔起的树木走了好长一段距离。

邀请我们去演讲的有城市里的学校、妇女团体，也有乡村和矿区的组织，有时我们也到工业都市去对劳工团体演讲。如此深入各阶层后，我对人生又有了一番不同的认识，而且觉悟到自己过去的想法过于天真了。以往我常想，虽然我又盲又聋，可是仍然可以获得相当幸福的生活，可见天下无难事，只要肯认真去做，所谓的命运是奈何不了我们的。可是我忘了一件最重要的事，我之所以能克服许多困难都得力于别人的帮助。我如此幸运，出生在一个幸福的家庭里，有疼爱我的父母亲，然后又得到莎莉文老师及许多好友的协助，才能接受高等教育。可是一开始时我并没有深切地体会到这一点。

现在，我深深懂得，并不是每个人都能成功地达成自己的愿望，环境的影响仍然很大。在看过工业区、矿区中那些贫苦的劳工后，我尤其深刻地体会到环境对一个人所造成的压力。

这种想法逐渐变成了一种很深的信仰，不过我并不因此而感到悲观，只是更加强了认为人类应该自助、助人的观念。现实环境固然可怕，但人类应该抱持希望，不断奋斗，至于那些处于顺境的人更是有义务去帮助需要帮助的人。

1914年1月，我首次有机会横越美国大陆。尤其令我高兴的是母亲能够与我同行，给我带来不少方便。母亲喜欢旅行，而我终于有机会让她一览东起大西洋滨、西迄太平洋岸的美国大陆风光了。

演讲旅行的第一站从加拿大的渥太华开始，然后是俄亥俄州。途中曾一度转往伦敦，再回到密西根州，随后是明尼苏达、爱荷华，如此一路向中西部行进。

母亲在旅行中的兴致一直都很高昂，只是不时担心我会太劳累了。我们能到加州也令母亲欣喜异常，因为她特别喜欢加州，尤其爱上了旧金山的海滨，经常在黄昏时徜徉于沙滩上。她一再对我表示加州的气候是如此迷人，海边风光更是令人流连忘返。

我和母亲曾搭汽船出海，母亲又爱上了尾随在船后的海鸥。她拿出食物来喂它们，引诱它们停下来。母亲还是个天生的诗人，她以吟诗般的口吻向我描述落日余晖下的金门桥。她以崇敬的口气告诉我，美国杉是"自然界的王者"，因为美国杉的庄严肃穆令人折服，尤甚于那些山川大泽。

我现在一面写作，一面重温当时的愉悦，那一点一滴的快乐又浮现在眼前。我仿佛又看到"崖之家"，看到我与母亲在用过早餐后走出"崖之家"，来到奇岩林立的海边嬉戏，足迹踏遍那些长满蓝色、黄色小花的可爱沙丘。

当我站在双子海角享受大自然的清爽空气时，母亲把我拉到她的身边，无限感慨地对我说："看了如此宜人的景色后，我过去的悲哀、不快都一扫而空了。"

我第二次横越大陆的演讲旅行是在1914年10月开始的，这一次是由秘书汤姆斯小姐陪着我。

秘书的工作委实不轻松，从演讲的接洽、订约，乃至修改日程，收拾善后等等各类事情，事无巨细，皆由秘书一手包办。这些事情有时相当烦人，幸好汤姆斯小姐非常能干，做事利落，处理问题井井有条，如有余力还能照顾我的生活起居，整理内务。我真不敢想像，如果没有汤姆斯小姐的帮忙，我们将面临什么样的情况。虽然我们由卡耐基先生那儿得到一笔款项，但仍不能放弃自己认真工作的原则，再说我们的开销也相当大。

第一次世界大战爆发之后，我们无法再像过去那样随心所欲地到各地走动演讲了。我只要一想到正在进行中的战争浩劫，就再也无法像以前那样轻松地说些慈善的话了。那段时期，我常常在梦里看到流血、目睹杀戮而惊醒过来。就在同时，一些出版社和杂志社向我索稿，希望我写一些比较新潮有趣的文章，可是满脑子充满着机枪响声与军民惨状的我，哪里有心情写这些文章呢？

当时，我觉得最遗憾的是，我收到数千封来自欧洲的求援信件，可是我却一点儿办法也没有，自己还要靠四处旅行演讲来糊口。说得难听点儿，我是泥菩萨过河，自身难保。我们所属的团体在这段时期，展开了热烈的反战运动，希望能阻止美国加入这场世界大战。

可是也有与我们持相反立场的团体，他们为了促使美国参战不遗余力，为首的就是过去的老罗斯福总统。

莎莉文老师和我都是坚决的反战者，认为应该极力让美国避免卷入战争的旋涡中。因此，从1916年开始，我们就到堪萨斯州、密歇根州、内布拉斯加州等地做反战演讲，可惜的是，我们的努力没有成功。

我们前往每一个可能的地方去鼓吹我们的想法，有时在最豪华的大礼堂，有时在临时搭设的帐篷里。当然，有不少听众与我们起了共鸣，遗憾的是，当时的报纸却多半不支援我们的立场，其中某些报刊态度的转变令人感慨万千。过去他们总极力夸大其辞，赞美我是"时代的奇迹"，或称我为"盲人的救世主"，可在这个时候，只要我的内容稍有涉及社会或政治时，他们就大肆抨击。

听众里当然免不了有些人不同意我们的反战论调，再加上大众传播一直宣扬战争思想，因此，全美各地快速掀起了参战热潮。

当时我的失望真是无法形容！1916年秋，我终于沮丧地回到连杉的家中，想抚慰一下疲惫的身心。可是连杉也无法令人愉快，因为汤姆斯小姐请假回苏格兰去了，梅西先生也已离开（编者按：梅西先生于1914年与莎莉文分居），只有女仆易安很高兴地迎接我归来。她把房子重新整理、装饰了一下，要我静待满园的花开，可是她哪里知道我连一点儿赏花的兴致也没有。最后，我想到打电话请母亲来，才多少排遣了些寂寞的心绪。

又过了不久，莎莉文老师由于长期疲劳与烦忧交逼，再度病倒了。她咳个不停，医生劝她在冬天时搬到布拉夕度湖畔去住。如果老师再离开的话，这个家将是人各一方，再也没有能力雇用易安了，而我们又这么喜欢易安，舍不得让她走，况且她再一走，连杉的生活必定会停顿下来。

我一直为了这事感到烦恼，以致无心工作，甚至不能静下来好好地思考。有生以来，我第一次感到人生乏味。

我常常恐惧地自问："如果老师也像我有这种悲观的想法，那该怎么办呢？"这个世界上如果没有了莎莉文老师，将会是多么寂寞无趣呀！她不在我身边的话，我一定什么事情也没办法做的。每思及此，我就更为不安。

就是在这种极端无助的心情下，我对一位青年动了感情。

有一天晚上，我独自在书房里沉思，那位暂代汤姆斯小姐的年轻秘书忽然走了进来。他以平静温柔的态度向我倾吐对我的关怀，我当然深感意外，但随即为他的真诚所感动。他表示：如果我们结了婚，他将随时伴着我，为我阅读，为我搜集写作资料。总之，原先莎莉文老师为我做的一切他都可以做到。

我静静领会了对方这一份爱意后，心中不禁升起一股莫名的喜悦，几乎无法自持地发抖。我从内心里已经打算要把这件事对老师和母亲公开，可是他却阻止我说："我认为现在还不是时候。"

停顿了一会，他又说道："你知道，莎莉文老师目前正在生病，而你的母亲又不喜欢我，如果这样贸然地就去告诉她们，可以想象得到，我们的事一定会遭到反对。我看我们还是慢慢来，以后再找机会对她们说吧。"

此后，我俩共同度过了一段相当美好的时光，有时并肩在森林里散步，有时则静坐书房，由他念书给我听。

直到一天早晨，我醒来后正在换衣服，母亲忽然急匆匆地跑进房来问我："今天的报纸上有一则令人震惊的消息，海伦，你已经答应要和人订婚了？"

母亲说话时双手微微地发抖。这时我一方面由于没有心理准备，相当惊骇，另一方面想替对方掩饰，因此随口就撒了谎："根本是胡说八道，报纸上每次都登载一些荒唐的消息，这件事我一点儿都不知情。"

不仅对母亲如此说，连对老师我都不敢承认。母亲迅速地辞退了他。我现在想起仍觉得很纳闷，不知道自己当时为何要撒谎，以致使母亲、老师和那位年轻人都感到痛苦。我的一场恋爱便如此终结了。

这一年虽然充满了烦恼，但终究也过去了。

布拉夕度湖的气候相当寒冷，老师的病并没有多大起色，因此，到了12月底，老师就和汤姆斯小姐一起前往暖和的波多黎各，一直待到翌年的4月。她们在波多黎各其间，每个星期都写信给我。

信上常常提到波多黎各的美丽风光、宜人气候，还兴奋地描述了她们从未见过的各类花卉。就在这时候，美国参战了！老师被这个消息吓了一跳，因此提早在4月回到连杉。不过老师的健康却一直到次年的秋天才真正完全康复，因此，人虽然回到连杉，但仍有一年多的时间无法四处演讲。

没有工作，我们存款当然一天天减少，我们计划把连杉的房子卖掉，另外找一幢较小的房子。

当真要离开一个居住多年的环境，那份依依之情真是令人鼻酸！室内的一桌一椅忽然都变得分外可爱，充满了感情。尤其是那张我常常在上面写作的书桌，以及书橱，还有我经常伫立面对庭园的大落地窗、樱花树下的安乐椅等，更是让我难舍。然而，离别的时刻一旦来临，也只有洒泪挥别，而把它们装在我记忆中最值得怀念的一角了。

我们带着感伤与无奈离开这幢住了十三年之久的屋子，心中唯一感到安慰的是，虽然不住在此地，但这幢可爱的屋子仍将对另一家人发挥它的用途。

目前，这房子成为波士顿的约丹·马许百货公司的女职员宿舍。虽然房子已经易主，但对于它，我仍然怀有一份主人的关爱。因为，那儿有我太多值得回味的往事，它代表了我生命中最精华的十年，有笑有泪，更重要的是充满了生命的活力。

拍摄电影

离开连杉，在国内旅行了一段很短的时间后，我们最后决定住在纽约市郊长岛的佛拉斯特丘陵区。在这风景优美的地方，我们买下一栋外表不俗的小屋，它有着类似古代城堡的外貌，到处是凸出的棱角，我们替它取了个名字叫"沼泽之城"。

在此所说的"我们"是指莎莉文老师、汤姆斯、我，以及一只名叫吉兰的小狗。

经过长期的奔波劳顿，我们都渴望能过一段平静的生活。我学习在院子里亲手栽植树木。屋子的二楼隔出一间专属于我的小书房，四面都有窗户。我开始学习意大利文，为的是想读但丁作品的原文。

新居还没完全安顿好，我们却接到了一封十分意外的信。

信是法兰西斯·米拉博士所写，他表示有意将我的《少女时代》拍成电影，而且希望我参加。我接到信后满心欢喜，因为我认为把自己个人的这段经历拍成电影，一定可以鼓舞那些不幸的人，而且能在这个互相憎恶、充满暴戾之气的世界里引起反响。如此好的机会我怎能放过？改编后的电影名为《救济》。

当年不辞跋涉、千里迢迢跑到好莱坞去拍片的那股劲儿，现在想起来真有点不可思议！或许因为我当时太天真了，一心以为自己的故事感人至深，观众们在欣赏此片时必然聚精会神，连呵欠都不敢打。那种过分的自信自大，使我毫不犹豫地接受了电影公司的建议。奇怪的是，我当时一点也没有考虑到，以我这样一个残缺的人，怎能担任电影的主角呢？

一般的女明星莫不身材健美，如花似玉，而我呢？又肥又胖，长得又不好看，根本无法跟一般女明星相提并论。而且我又缺乏能赚观众眼泪，或者逗观众发笑的演技，凭什么去演戏呢？不过，撇开这些不谈，我在好莱坞的那段日子倒过得多彩多姿。老实说，我对于那段拍戏的经历一点儿也不觉得后悔。

在好莱坞，我经历了许多过去从未遭遇的事情，那种刺激的生活，时时都带给我惊喜，从来不知道踏出大门后将会遇到什么事。每当我漫步在开满天竺葵的小径上，会突然有一个骑士从斜地里冲出；我走在马路上，会见到一辆卖冰的车子猛然四脚朝天；在远处的山丘半腰上，说不准什么时候会有一栋被熊熊烈火包围的小木屋……

总之，来到此地以后的所见所闻都令我感到新奇有趣。记得有一次，我们一行人头顶炎热的太阳，坐着车子到沙漠里去，阳光下的沙漠上稀稀落落地长着仙人掌和灌木丛。当我们来到一个小小村落的拐角处时，忽然有人惊呼："看啊！有印第安人！真正的印第安人……"

大家都很兴奋，马上从车上下来，想看个究竟。果真有一个印第安人在那儿，别无旁人。

这时，在我身旁的一位向导向前迈出一步，请求那位印第安让我摸摸他头上的羽毛饰物，因为他头上戴着色泽美丽的老鹰羽毛，非常神气。我怀着忐忑不安的心情走上前去，再度以手语向他示意。可是出乎我们意料的是，这位印第安人以流利的英语开口道："让这位女士尽量摸好了，多少次都无所谓。"

在场的人都吓了一跳，后来才搞清楚，原来这是一位正在等待摄影师到来的演员，哪里是什么真正的印第安人呢！

汤姆斯小姐与我时常在天没亮前就出去骑马，在露珠晶莹的草原上可以闻到麝香草及尤加利树的芳香，清晨的微风令人心旷神怡，好不舒畅！就这样，我在比佛利山的小路上度过了许多愉快的清晨。

以《少女时代》为剧本的《救济》一片终于要开拍了，导演是因《青鸟》一片而闻名的乔治·郝斯特·普拉特先生。首先进行片头摄影，普拉特先生以敲打桌子为信号与我沟通。我们工作的过程通常是：汤姆斯小姐看过剧本后，并听取导演的指示，然后把这些写在我手上，等我完全了解后，再听导演敲桌子指挥进行。

有时，导演会亲自在我手上写几句话，例如："不要害怕，在笼子里的不是狮子，只不过是一只小金丝雀而已。知道了吗？好，再来一次。"导演越是关照我，我越觉得紧张不安。

老实说，要在摄影机前自然地表演，着实不容易，不论是站着或坐着，总是有强烈的灯光聚集在身上，我老是觉得全身热烘烘的，汗水直往下流，这时还得留意脸上的妆是否已被汗水弄脱，否则银幕上所见的将是鼻尖太亮，或是额头反光，效果将大打折扣，所以要经常补妆。

我一站到摄影机前就浑身不自在，偏偏导演一下子要求我笑，一下子又要我皱眉沉思，我的情绪怎么可能转弯得如此快呢？因此，有时在乍听指令后只有茫然发呆的份了。

一开始时，大家都未进入角色，因此，有许多不尽理想的地方。

幸好那位扮演我少女时代的女性十分称职，她本人当然既不聋也不哑，可是却能把这个角色演得惟妙惟肖。为此我对她产生了很大的好感；而她由于扮演我也很喜欢我。

另一位长得很美，笑起来尤其迷人的女星饰演大学时代的我。这位女星一开始是以闭着眼睛表示眼睛看不见，可是她往往一不留神就霍地张开眼睛，使得场边的工作人员忍不住捧腹大笑，她的表情实在太滑稽了。

不过这位女演员倒是很乐意演这个角色，而她的演技也不差，尤其在演梦见希腊诸神的那场戏时，表现得最为传神，我个人最喜欢。

再下来就要轮到那些在我生命中有重要影响的朋友上场了。问题是，那些曾经给我很大帮助的善心朋友如亨利·庄梦德先生、马克·吐温先生以及布鲁克斯大主教等人都已去世，仍然活着的几位也都年事已高，与初遇我时当然不可同日而语。

当时，我曾经写信给贝尔博士，他很快就回信了，他在信上表示："看了你的信，让我回想起在华盛顿的那位小姐，在我眼中，你一直是当年的那位女娃儿。只要你乐意，任何事情我都可以去做，只是目前我身处异国，一时之间还无法返美。可是，你绝不能忘了我喔！想起我们首次见面时，我可不是个七十一岁的老头子，那时的我头上一根白头发也没有。你呢？当时只有七岁，如果真要拍写实电影的话，我想非得由别人来饰演不可。请你去找个没有白头发的英俊青年来扮演我。等到拍摄结尾时，我们再以目前的姿态登场好了。如此前后对照，我想一定很有趣吧？"

看了信后，我忽然想起一个很好的主意："对了！何不以象征性的场景介绍我的朋友出场呢？这也许效果更好。例如，安排我在两边都是洋槐的马路上散步，然后偶尔遇见贝尔博士与庄梦德先生，大家边聊边走，既有湖光山色之美，又显得比较自然。"洋槐的树荫下，对又瞎又聋的我而言是最合适不过了，我越想越觉得这是一个好主意。

可惜电影公司没有采纳我的建议，而是安排了一个大聚会的场面，让所有曾经协助过我的人都一起出现在宴会上，包括那些已经去世的好友在内。

其中还有已经死了二十年的我最怀念的父亲。当然，如布鲁克斯主教、霍姆斯博士、亨利·庄梦德博士等都各有"替身"。最令我欣喜的是，我又见到了近二十年不曾碰面的约瑟夫先生，他比我刚认识他时显得更活泼快乐。

置身在这样一个场合中，令我感觉好像到了天国，与这些又熟悉又亲爱的好友们欢聚一堂。不过，当我与他们握手时，他们的手虽然都很温暖，但他们讲话的语气与神态，却与我熟知的那些朋友完全不一样，当他们猛地开口对我说话时，我有一种刚从梦中被惊醒的错愕感。宴会将结束时，我有一段台词："目前全国约有八万名盲人正处在可怜的景况中，他们孤苦无援，而我们的社会目前又没有完善的制度可以帮助他们……这世界上有多少人在从不知生存喜悦的情况下含恨而终……因此，我们应该决心为这些人谋求更好的生活，让这个世界变得更幸福、更快乐。"

影片拍完一大半，大家忽然发现这部片子缺乏高潮，换句话说，不够戏剧性。

"海伦一辈子没有发生过罗曼史，当然也没有伟大的恋人，她的一生太平淡了！"

"是嘛！干脆我们替她捏造一个恋人好了，让他们来上一段恋爱戏如何？因为现在的电影如果没有这些插曲，似乎就注定不受欢迎。"

不过，导演自始就反对这种论调，认为是画蛇添足，反而会弄巧成拙。他几经考虑、斟酌，最后决定穿插几场比较戏剧性的场面。

加上去的几场戏，有一场是在一个名为"时间"的洞窟前，有一位脸色苍白、代表"知识"的小姐，与一位身材魁梧、代表"无知"的大汉互搏，结果"知识"赢了，抱起了幼小的海伦。

另一个场合是莎莉文老师试过各种方法而年幼的海伦仍然听不懂时，她不禁跌入了灰心失望的深渊中，此时基督出现了，他对老师说："要协助幼小的心灵来到我这儿，不要放弃她。"于是莎莉文老师再度鼓起了勇气。

还有不少略显牵强的戏，例如：一位伤心的母亲擎着一把火炬出场，目的是为不幸的伤残者请命；又如四大强国的领袖聚集在法国开会，准备决定全世界人类的命运时，海伦出现了，恳求他们千万不要发动战争等等。最后这场戏他们也觉得太牵强，结果又删掉了。

由于掺入了各种突发奇想，使得影片的情节越来越离谱，变得缺乏真实感。尤其是结尾的一场戏，我现在想起来都觉得可笑，简直是异想天开。他们要我扮成和平使者，像圣女贞德一样骑着白马，走在游行队伍的最前面。谁知片场找来的这只白马十分活泼，跑起来的冲劲非常惊人。当时我一手握着喇叭，一手操纵缰绳，好几次都差点儿被摔下马来，因此我越来越紧张，一颗心七上八下，全身冒汗。头上的太阳又毫不留情地直射下来，额上的汗水像旋开了的水龙头直往下淌，连放在唇边的喇叭都满是汗水，吹起来咸咸的。

战战兢兢地骑了段路后，在没有任何前兆，没有任何命令的情况下，我胯下的这匹马忽做人立状，一时间把我吓坏了，幸好旁边有位摄影记者眼明手快，一个箭步冲到马前拉住它，使它再度站好，否则我一定会摔个大跟头。

杂要剧院的生涯

结果，我参演的这部片子叫好不叫座。

我由绚烂重归平静，再回到佛拉斯特的住所，如此过了两年宁静的日子。这期间，我们当然也动脑筋设法开源节流。朋友们赠送的款项以我在世为限，我必须要考虑替莎莉文老师储下一笔养老金，万一我先她过世，那她的晚年怎么办？

基于这种考虑，我们决定从1920年起进入波多大厦的杂要剧院参加客串演出，这一表演就是将近四年，直到1924年春。当然，这四年间我们并不是持续不断地参加演出，一开始，我们只是偶尔参加到纽约、新英格兰地区或加拿大的巡回演出。1921年至1922年期间，则在美国国内表演。

我们在杂要剧院演出的消息传出后，曾受到某些卫道士的非议："你们瞧，海伦这个人，为了出名竟不择手段。"

有些热心的人则写信忠告我，劝我不要投身演艺圈。其实，我何尝是为名所引诱呢？我有我自己的计划，只不过是依自己的意志

160

去实行罢了，连莎莉文老师都是被我多次劝说才这么做的。

在我看来，这种工作比起写稿来，不仅轻松得多，而且收入也丰厚。虽然名为巡回演出，实际上，往往在一个地方一待就是一星期以上，不像我们过去的演讲那样，有时一天要连赶好几个地方，饱受奔波之苦，而且演讲时通常是每到一个地方就得立刻上讲台，连喘息的机会都没有。在杂耍剧院的演出只是下午、晚上各一场，每场仅二十分钟。剧院有他们自己的一套管理规则，相当规范，生活很正常。在这里，我们有完全的私人自由，不必担心受到观众的打扰，连类似演讲观众要求握手的情形都很少发生。

从事这种工作，我在身心上都感到很愉快。不过莎莉文老师似乎不像我这样安之若素，她一开始就感到有点别扭。也难怪她，因为刚开始时，我们的名字与那些特技人员、驯兽师，乃至猴子、大象、鹦鹉等一起出现在节目单上，不管是谁都会觉得有点不是味道。只是，我自问自己的表演内容一点都不低俗，更没有什么不可告人的，因此，觉得很坦然。

在这个圈子里遇到的人，比过去在任何场合遇到的人更能引起我的兴趣。他们多半都豪迈爽朗，热诚而讲义气，他们的举动常常令我觉得非常感动。总之，我在杂耍剧院的这段日子确实是快乐的。台下的观众既亲切又热情，他们听到我说话时都表现出真正的赞叹。通常，由莎莉文老师说明教育我的方式，然后由我做简单的自我介绍。最后是由我来回答观众们提出的问题。

观众们最常提出的问题有如下几项：

"你看不见钟表，如何分辩白天和黑夜呢？"

"你有没有结婚的打算？"

"你的眼睛看不见，那么你相信有幽灵吗？"

"你会在梦里看见什么东西呢？"

诸如此类的问题很多，有些还更滑稽呢！

我一向很关心听观众们对我的反应，难得的是，到这儿来的观众都坦诚而热情，当他们觉得我的话有道理，或者令他们开心时，他们就毫不忸怩地拍手大笑，一点都不掩饰自己的感情。也因此，我总是很轻松、愉快地给他们最真诚的答案。

提到听众们的反应我想起了另一个极端相反的情况，那是一次在教会里的演讲。进入教会的听众当然跟在杂耍院的观众身份不尽相同，心情也迥异。他们的极端肃静让我感到手足无措。虽然看不见、听不见，不知道他们的表情，可是我却感觉得出他们对我的话没有反应。台下一片死寂，再加上讲台高高在上，因此，使我产生了一种我是在自言自语的错觉。我到广播电台去演讲时也一样，四周寂然无声，没有人走动，当然也没有掌声，连空气中我闻惯了的烟味和发胶香味都没有，仿佛置身在一个无人的世界里。

所以说，我宁可在杂耍剧院中与观众们打成一片，至少不会感到太拘束或太寂寞。

慈母去世

我这一生中最哀伤的一刻，莫过于在一次演出前，突闻母亲亡故的噩耗。当时我们正在洛杉矶的某处演出。父亲去世时我才十四岁，还不太了解死别的悲痛，因此没有像这次这么伤心。当然，也许是因为我与母亲相处的时日较久，感情较深，有更多的难舍情愫。

母亲常说："当你生下来时，我觉得既骄傲又快乐。"她把我患病之前十九个月中的大小事情都记得非常清楚，常常如数家珍般地说给我听："你学会走路以后，最喜欢到院子里去追逐花丛中的蝴蝶，而且胆子比男孩子还大，一点儿都不怕鸡啊、狗啊这些动物，还常用肥嘟嘟的小手去抱它们。那时，你的眼睛比谁都尖，连一般人不易看到的针、小纽扣等都可以很快找出来，因此是我缝纽扣时的小帮手。"这些事母亲百说不厌，还说某次家中正在编一个有三只脚的竹笼子，笼子四周留了许多小洞，牙牙学语的我又好奇又兴奋，老是爬到母亲膝上，用不流利的儿语问道："还要做多久？"

母亲又说我最喜欢壁炉中熊熊的火花，时常不肯上床睡觉，望着燃烧着的木材上的火舌发呆。如果看到火舌由烟囱上窜出时，尤其感到兴奋。

"唉，那时候我们俩人是多么快乐呀！"母亲在回忆之后，总会满足地叹口气而下此结论。

当我不幸患了一场大病，变成又盲又聋时，母亲才二十三岁。年轻的她从此生活在悲痛的辛苦岁月中，因为天生内向、谨慎，不太开朗的个性使她缺乏朋友。遭此不幸，她的心情当然更落寞了。长大之后，我尽量学习独立，希望不使母亲操心。母亲与我一起出外旅行或来连杉与我同住时，也许会感到欣慰，可是更多时候，她必然为我这个残疾女儿而暗自饮泣吧！我似乎可以隐隐感觉出母亲在最后几年变得越来越沉默了。

母亲自己曾经说过，她常常一早醒来，脑海中第一个闪出的念头就是海伦的问题，晚上临睡前，也经常为此担心。母亲的手患有关节炎，写起信来很吃力，可是为了我，还是常常很费劲地用盲文写信给我。

在我之后，母亲又生下一个妹妹，五年后又生下弟弟菲利浦，他们两人的出生多少为她带来了一些安慰。

父亲去世后，母亲独自担负起养育弟妹的重担，日子过得很艰苦。好不容易妹妹长大了，嫁给亚拉巴马州的昆西先生，母亲才算松了一口气。她轮流到妹妹家或我这里走动，探望她挚爱的孩子们。

老实说，年轻时候母亲对女红和家务事都不太感兴趣，出嫁以后，却不得不挑起家庭中一半的重担。不但要监督工人做工，又要帮着种菜、喂家畜，还要自己做各种食物，如火腿、熏肉等。孩子的衣服也得自己动手剪裁，此外，还得应付父亲每天带回家的一些客人。反正，属于南方家庭那些繁杂的家务，母亲都得一手包办。母亲做的火腿与腌黄瓜远近闻名，吃过的人都赞不绝口，附近的人总是向母亲要一些带回去。当时我年纪小，一点都不懂得母亲的忙碌与辛劳，总是拉着她的裙摆，跟前跟后，母亲从不嫌烦，默默地承担着一切。

以母亲这样一位感触敏锐、神经脆弱的弱女子，怎么能够承受那么多的琐碎而繁重的家务呢？莎莉文老师就常常对此表示不可思议而夸赞母亲。更令人折服的是，我们从未听母亲发过一句牢骚，她总是默默地做着，似乎除了工作，还是工作，只要一直做就是了。

母亲还是个爱花的好园丁，她知道如何插苗播种，也知道如何照顾那些花草树木。虽然浇水除草等工作很累人，可是她乐此不疲。她对花草的极端迷恋也可以说明她的心思优雅细致。记得有一年的早春，她移植了一株蔷薇，不料几天后遇上寒流来袭，新栽的蔷薇禁不住霜寒死了，母亲在给我的信上十分悲痛地表示："我就像丧子的大卫王一样，忍不住大声痛哭起来。"

鸟类也深为母亲所喜爱。她每次到连杉来时，总爱到附近的森林里去散步，随身还携带些食物去喂鸟。当她看到母鸟在教小鸟飞翔的情景时尤其感兴趣，有时一看就是几小时，自己却浑然不觉。

母亲对时事政治问题也很感兴趣，经常阅读书报。她憎恨伪善和愚庸的人——当然指的是那些政治舞台上的人，常常语带讽刺地批评那心怀不轨的议员和政客们。

她最欣赏那些头脑敏锐，能机智地评论政事的评论家，例如汤玛斯·卡莱夫人就是其中之一，她曾和卡莱夫人通过信。在作家中，母亲偏爱惠特曼、巴尔扎克等，他们的作品母亲再三阅读，几乎可以背下来。

有一年夏季，我们到帕蒙特湖畔的山木屋中去避暑，那里有我们深爱的碧绿的湖水、林木及清幽的羊肠小径。一天黄昏，我们坐在湖畔的石椅上，母亲眺望在湖上划独木舟嬉戏的年轻人，突然间，心有所感，那股莫名的情绪低潮，我当时根本无法体会。

世界大战爆发后，母亲闭口不提有关战争的事情，只有一次，母亲在外出途中见到一大群青年在野外帐篷露营，禁不住感慨地说："唉，真可怜！这些活泼可爱的年轻人眼看就要被送到战场上去。有什么方法可以不让他们去呢？"

说着说着，不禁黯然泪下。再就是听到俄国提出和平条件时，母亲说："有勇气说出'战争是人类的罪恶'这句话的国家真是太了不起了！虽然隔着偌大的海洋，可是我真想伸手去拥抱它。"

母亲在世时也常说，希望将来年老的时候，不要太麻烦别人，宁可静静地离开这个世界。母亲去世时正住在妹妹那儿，她安详平静地告别人世，没有惊动任何人，事后才被人发现。我在临上台表演之前两小时听到母亲去世的噩耗，在此之前，我不曾得到任何母亲生病的消息，因此，一点儿心理准备都没有。

"啊！这种时候，我还要上台表演吗？"我马上联想到自己也要死了。我身上的每一寸肌肉几乎都想痛哭出声。可是，我竟然表现得很坚强，当我在台上表演时，没有一个观众知道我刚听到如此不幸的消息，这点令莎莉文老师和我都感到很安慰。当天，我还记得很清楚，有一位观众问我："你今年多大岁数了？"

"我到底多大了呢？"我把这问题对自己问了一遍。在我的感觉上，我已经很大了。但我没有正面答复这个问题，只是反问道："依你看，我多大岁数呢？"观众席上爆出一阵笑声。

然后又有人问："你幸福吗？"

我听了这个问题，眼泪几乎夺眶而出，可还是强忍住了，尽量平静地回答："是的！我很幸福，因为我相信上帝。"

这一天的问答大致就是如此。

当我回到后台，内心的悲哀再也无法压抑，一下子全爆发了出来，我激动得无法思想，无法动作。虽然，我知道在"永恒的国度"里，总有一天可以见到母亲，可是眼前这个没有母亲的世界是如此寂寞。不论何时何地，每一件事物都会唤起我对母亲的回忆，我在内心里低呼："啊，如果我能再次收到母亲寄来的盲文家书该多么好啊！"

直到次年4月，到亚拉巴马州的妹妹家里时，我终于不得不承认母亲真的已经死了！

亲爱的母亲啊！您为我痛苦了一生，现在您到了天堂，应该可以达观些了吧！因为您该明白我之所以会变成这样，完全是上帝的旨意，您的心应该得到平静了。这是我最感安慰的事。

意外的喜悦

经过长期的组织策划，在许多人都认为有此必要的情形下，一个全国性盲人机构终于成立了，时值 1921 年。宾夕法尼亚州盲人协会会长是这一计划的发起人，在俄亥俄州举办的美国盲人事业家协会的年度总结会上，正式通过了这项决议。

纽约的 M·C·麦格尔先生是该会的首任会长。麦格尔先生在开始时完全靠朋友们的资助经营此协会，1924 年起，协会改变方针，决定向社会大众筹募基金，因此希望我和莎莉文老师共襄义举。

对于那种为了募一点钱而必须四处奔波的日子，我委实有些害怕。当我获悉他们的计划时，虽然觉得用心良苦，可是心里依然有点不太乐意。然而，不乐意归不乐意，我心里非常清楚，依照当时的情况，如果没有社会大众的捐助，任何慈善团体或教育机构都无法继续生存。为了所有盲人们的福利，我无论如何也得勉为其难地尽力去做。于是我又开始进出于形形色色的高楼大厦，坐着电梯忽上忽下地去演讲了。

这笔劝募基金的目的，在于协助盲人们学到能够自立的一技之长，而且提供他们一展所长的场所；另外，也要帮助那些有天赋而家境贫寒的盲人，让他们的才能得以发挥，譬如那些有音乐天赋，却因家贫买不起钢琴、小提琴等昂贵乐器的。事实上，这类被埋没的天才委实不少。

从那时候开始，前后大约三年左右，我跑遍了全国的每个角落，访问过123个大小城市，参加过249场集会，对20多万听众发表过演讲。此外，还动员了各种团体与组织，如报纸、教会、学校、犹太教会堂、妇女会、少年团体、少女团体、服务社团及狮子会等，他们都经常集会募款，大力赞助我们的运动。尤其是狮子会的会员，他们对残障儿童的照顾真是不遗余力，对盲人也付予同样的关爱，因此，募款工作几乎成为会员的主要活动了。

有句俗话说："年过四十岁的人，所有的事情大半都已经历过，再不会有什么值得喜悦的事了。"

不过上天似乎对我特别厚爱，就在我度过四十岁生日不久，连续发生了好几件令我感到意外且值得喜悦的事。其中之一就是美国盲人事业家协会的创立；另一件是我们发起的募捐运动，得到许多人的大力支持，成果辉煌；第三件喜事是由于美国盲人事业家协会的成立，使得原本百家争鸣的盲文得以统一。不仅如此，第一座国立盲人图书馆成立了，政府还拨出一大笔经费来出版盲文书籍。紧接着，各州的红十字会也成立附属盲文机构，专门负责把书翻成盲文。其后，又为那些在第一次世界大战中不幸失明的战士们掀起争取福利的运动。如此，我们长久以来的愿望终于得以一一实现，我感到非常宽慰。

1926年冬，我们游说旅行来到了华盛顿，其时正逢国会中通过了有关拨款筹建国立盲人图书馆以及出版盲文书籍的提案，我们闻此喜讯信心大增，对未来充满了希望。

有一天下午，我与老师前往白宫拜会柯立芝总统，他十分热情地欢迎我们，然后又很热心地听取我们向他报告有关盲人协会的情况。最后他拉起我的手放在自己的嘴唇上，告诉我："我觉得你们所做的工作非常了不起，只要我能力所及，一定全力协助。"

这位总统果真说到做到，他后来还成为了盲人协会的名誉总裁呢，而且捐了不少钱给基金会，连柯立芝夫人也一再表示要参与我们的服务工作。这位第一夫人对聋哑者非常热心，替聋哑者争取了不少福利。

我们曾经拜访过盲人议员汤玛斯·希尔先生及赖辛浦夫妇，他们也都鼎力相助。另外，住在华盛顿的好友——贝尔博士的女儿艾露滋夫人也为我们向大众呼吁，使我万分感激。

在底特律，当地的残障者保护联盟会长卡米尔先生是我多年的好友，他义不容辞地向市民们高呼，结果是我们虽然只在该地集会了一次，但却募得4.2万美元。不仅如此，会后我们又陆续收到不少捐款，少则1美元，多则达4500美元，光是这个城市的收获就很可观。

费城的募款也很成功，募捐委员会的委员莱克博士十分热心地向民众劝募，仅仅一个星期就募到2.2万美元。

圣路易、芝加哥、水牛城等地的反应比较冷淡，可是在罗契斯特这样的小地方反而募到了1.5万美元之多。

众所周知，电影明星的生活远比一般人富裕，我预计可以得到他们的大力支持，可是结果令人大失所望。我连续寄了无数封信到洛杉矶去，回信却只有一封，那是一位名叫玛丽·白克福的女明星寄回来的，其他人则无片纸只字的反应。为此，我们对于玛丽及其夫婿道格拉斯·费蒙先生的好意格外感激。

在此次旅行途中，我们曾经走访了圣罗拉的农业试验场，那里的负责人鲁沙·巴本克先生，像创造奇迹般地把过去在此处无法生长的许多种水果、花草、树木等栽植成功，是一位了不起的农艺家。巴本克先生不但慷慨解囊，而且非常热心地引导我们参观试验场。他要我去摸他所培植的仙人掌，并且告诉我，沙漠中的仙人掌有许多刺，一般家庭如果栽植常会刺伤手，他则加以改良，让我摸的这种仙人掌就是没有刺的。果真，摸起来光滑平顺，而且那种充满水分的饱满感觉，令我联想到这东西吃起来一定很可口。

近两年来，我为了写书基本上很少外出募捐，但我们的工作还没有完，仍差 150 万美元才能达到原定的目标，所以我整理完书稿就得再度出发。值得欣慰的是，我们过去的奔波总算没有白费，虽然两年内没有募款活动，但一般人已经知道我们的存在，因此仍有人陆续汇款过来。以去年为例，大富翁洛克菲勒、麦克尔先生等人，都捐了不少钱。迄今为止，捐款的人已不计其数，已经无法一一列举他们的姓名，然而我们对每一位捐款的善心人的感激都是一致的，他们的爱心将温暖每个盲人的心，而且世代传下去。

老实说，募款本来就是无数人点点滴滴的累积，如果不是这么多好心人的帮助，我们的协会就无法像目前这样依照计划推展工作。汤姆斯小姐每次拆信时，都有支票从信封里滑落下来。这些信件来自各个阶层，有学生、劳工、军人等；来自世界各地，包括德国人、意大利人、中国人，其中也不乏与我们同样的残障者。

一天早晨，邮差送来一封来自底特律的信，署名是"一位贫苦女工"，她捐了 1 美元。

孩子们的反应也很热烈，他们一片真诚无邪常常令我感动得落泪。有些人是亲自抱着沉甸甸的储钱罐来的，放在我膝上，当场打开，悉数捐出；有些儿童则写了热情洋溢的信，告诉我，他们是省下了父母给他们买可乐、冰淇淋的钱而捐出来的。

　　记得在纽约的安迪集会时，有位残障的少年捐了 500 美元，而且附上一束美丽的玫瑰花。这位少年已经不在人世，那束玫瑰也早已枯萎，可他的一番美意却永远绽开在我心田的花园中。

走出黑暗与寂静

"我觉得你所能接触的世界太小了，真可怜！"常有人不胜怜惜地对我说。可是只有我自己心里明白，这些人不太了解我的生活情形，他们当然也不知道我有多少朋友，看过多少书，旅行过多少地方。每当我听到有人说我的生活圈太小时，我总忍不住暗自好笑。

那些不是盲文的书报，我就请别人念给我听。例如每天的早报，总是由老师或汤姆斯小姐先念标题，然后我挑那些感兴趣的部分请她细读。一般杂志也是一样，总是由老师或汤姆斯小姐念给我听，平均每个月我大概要读七八种杂志。此外，我还经常阅读盲文杂志，因为那上面多半会转载一些普通杂志上的好文章。

有些人亲自写盲文信函给我，另一些人则请会盲文的人代写，因此我常常可以享受到从指尖传来的友情。对我而言，我确实喜欢读盲文，因为这到底是由自己直接去感受，而且印象也更深刻。

有位名叫爱特那·波达的好友，他要去环游世界时设想得很周到，随身携带着盲文字板，每到一处就写信把他的所见所闻告诉我。因此，我就像跟着他四处旅行一般，共同聆听大西洋上冰山迸裂的声响；一同搭机飞越英吉利海峡；我们一起在巴黎如梦如幻的大道上漫步；也到了水都威尼斯，在皓月当空的夜晚，一面欣赏月光下的威尼斯，一面静听船夫唱意大利情歌。那种气氛是多么罗曼蒂克啊！在看了维苏威火山与几千年前的罗马竞技场后，就要前往神秘的东方了。

我随着波达来到印度、中国，看到许多新奇又有趣的事物。

抵达日本时正值樱花纷纷飘落的季节，缤纷的落英交织成一片奇异的世界，清幽肃穆的寺院钟声更引发了我许多遐想。

最妙的是，波达竟大惊小怪地对我说："你瞧！你瞧！日本的妇女都背着小孩在街上走，这儿的男士竟然都足登四寸高的木屐，在马路上喀拉喀拉地蹓跶。"

有波达这样的朋友，所谓形体上的不自由其实等于没有了。

在许多关切我的朋友中，威廉·苏夫人是最为热心、随时都准备帮助我的人之一。

苏夫人赞助过许许多多的慈善团体，只要是与我有关的团体，她捐的钱总是特别多。当我们的想法迥然相异时，她对我说："虽然我不同意你的观点，但你我的友情是另一回事。"她依然不改初衷地爱护我。

弗兰克·克勃特是我大学时代的同窗好友，他在二十五年前创立了克勃特出版社，曾出版了我的传记作品《我的生活》一书。现在，我打算出续集，弗兰克仍如过去那样全力支援。其实早在十年前，弗兰克一再鼓励我写这本书的续集，而我在进行本书的写作时，则总是感到弗兰克似乎就在我的身边。

1912 年的冬天，《青鸟》一书的作者梅多林克夫人到连杉来，她的态度和善，个性活泼，我们两人一见如故，非常投缘。她回到法国后还寄卡片给我，她在卡片上亲笔写着："为发现青鸟的少女祈求幸福。"

来连杉的名人还真不少，其中之一是诺贝尔文学奖得主——印度诗人泰戈尔先生，这位诗人长得非常高大，蓬松的头发呈灰色，几乎与脸上的络腮胡分不清楚，令我想起圣经上所记载的先知们。我很喜欢泰戈尔诗集，看了不少他的作品，可以深深地感觉出他对人类的那份爱心。看到这位诗人，我引为平生莫大的光荣。

当我向这位诗人倾诉我的尊崇与仰慕时，他说："我很高兴你能在我作品中看到我对人类的爱，你知道吗？这个世界正在等待的，就是出现一位爱神与世人更甚于爱自己的人哪！"

泰戈尔先生谈到时局时忧心忡忡，他以哀伤的口吻提到印度、中国以及世界上一些强国的局势："欧洲各国强迫中国人吸鸦片，如果他们拒绝的话，国土就有被瓜分的危险。在这种情况下，亚洲民族怎能不重整军备以求自保呢？英国就像一只秃鹰，已经把战火带到了太平洋沿岸，在那儿建立许多军事基地。亚洲各国中，日本已经能够自己站立了，可是，中国大概要等到城门被攻破，盗贼闯进家门时才会惊醒……请记住，一个太爱自己的人，往往就是灭亡自己的人，能解救世人的，大概只有神的爱了。"

听了他的话使我联想到甘地，因为甘地先生正是一个不仅在嘴上谈"爱"，而且以行动来实践的人。

艺术家们似乎对我特别厚爱，像艾连塔利和约瑟·杰佛逊等优秀演员还特地为我表演了他们的拿手戏，他们让我以手指去追踪他们的一言一行，一颦一笑，我兴奋得屏息以待，惟恐遗漏任何细节。歌唱家卡罗素、夏列亚宾等允许我把手放在他们的唇上去"听"他们的美妙歌声。

我曾手抚钢琴欣赏戈德斯基的演奏，轻触海飞兹的小提琴去领会那美妙琴音。当戈德斯基奏出肖邦的小夜曲时，我深深沉醉了，恍如置身于热带海岛上。

有时候，我把手放在收音机的共鸣板上"听"音乐节目。在乐器中，我觉得竖琴、钢琴、小提琴的声音都非常美妙。不过，我对于目前正开始流行的爵士音乐却不敢恭维，那种爆炸性的响声，令我感到好像有什么东西正朝着我冲过来似的，每当指尖传给我这种信息时，免不了有一种想转身逃跑的冲动，似乎人类在原始时代潜藏在体内的那种对大自然的恐惧感，再度复生了。

实业界的大亨，我曾拜访过电器发明大王汤姆斯·爱迪生先生。在我前往新泽西州演讲时，爱迪生先生曾好意邀我去他家。他给人的第一个印象相当严肃。据他的夫人告诉我，爱迪生先生常把自己关在实验室内通宵工作，当他实验进行到一半时，最讨厌人家去打扰，甚至连吃饭都可以省了。

爱迪生先生要我把手放在唱机上，然后很热切地问我听懂没有，可惜我实在听不懂。为了不使爱迪生先生失望，我试着把当时头上戴着的草帽靠近唱机，使声音在草帽上更集中，但仍然无法了解。

一起进餐时，爱迪生先生对我说："你听不见任何声音也有好处，至少比较容易集中心思，不受外界的干扰，像这样活在自己的世界里，不是很好吗？"

我回答他："如果我是一位像你这样了不起的发明家，我希望能够发明一种使聋子得到听力的机器。"

他有点诧异地说："喔，你这么想？我可不做这种无聊的事，反正人类说的话多半无关紧要，可听可不听。"

我把嘴靠在爱迪生先生耳边，试图直接对他说出我的意思，可是他却说我的声音像水蒸气爆炸时一样，让他无法分辨，他说："你还是告诉梅西夫人，然后由她转述，她的声音像小提琴般悦耳。"他说的每一句话都带有命令的味道。

至于汽车大王福特先生，是我在内布达斯加州演讲后才见到的。

福特先生亲自带领我们到工厂里去参观，并且以谦和的态度向我们讲述他成功的经历："开始时，我的动机是要生产一种连农夫都可以买得起的汽车，几经研究试验，我对汽车就越来越内行了……其实，有好构想的人何其多，只是大多数人不知道如何去活用，因此有也就等于没有了。"

在参观过福特先生的汽车工厂以后，我不禁有一个感想：如果把这个世界视为像福特工厂一般来管理，是否会更有效率呢？那时，是不是每个人都可以缩短工作时间，却拿到更高的报酬呢？

如果人们一天中只须工作几个小时，则衣食住行都不匮乏，还能有四五个小时的自由时间岂不是很好吗？不过，我自己也知道这种想法是痴人说梦，福特固然是一个杰出的企业家，但他的方法未必适合整个世界，因为国家毕竟不能视同工厂去管理啊！

在那次拜见福特先生十年之后，福特先生在一次盲人大会中捐了一大笔钱，他说他的工厂里雇用了七十三位盲人，他之所以雇用他们，并非为了怜悯，而是因为他们在工作上表现得相当优异。我听到这个消息时，真有一种说不出的高兴。

当我感受自己的鼻子有些不舒服，心中出现一阵不安时，我就知道我该到纽约去散散心了。纽约市内有各种不同的香味，可以刺激我的鼻子；我也喜欢到热闹嘈杂的地下铁路沿线逛一下。像这样到纽约去一趟回来后，我的活力又可恢复了，因为我感觉到自己跟其他人一样地活着。

从繁华的城市重返宁静的田园，会感觉到自己的庭院分外可爱，虽然有人嫌它像老鼠窝，但对我而言，它是世界上最舒适的场所。

我时常独自从前门的阶梯下来，沿着小径往前走，到尽头时一拐弯，就是我平常散步的马路了。小屋的四周有最宜人的景色，尤其每年的 6 月，郁金香与风信子全都展开了笑靥，我们就像住在花海中的小岛上一样。在我走往小凉亭的马路两旁，满是移植自德国或日本的菖蒲花。6 月真是个奇妙的月份，连树木都舒展了四肢，伸出的枝桠似乎想向我们倾吐什么。我有时会觉得，树木真的在对我说："你们人类何时才能学会这样站着不动呢？"有时则说："看看那不安分的海伦，在花草丛中不停地穿梭，就像一只风中的蝴蝶。"那横生的小枝桠，无异是对我指指点点的小手指。

我常常想："为什么人不像树木一样，固定站在某一个地点上呢？树木虽然不会移动，不是照样生长得很好吗？甚至比人类活得更快乐更长久呢！"

近来，我常为了劳资双方对立以及战争的问题而失眠，我奇怪人类为何不把花在战争上的精力转而投注在研究如何改善人类生活、迈向理想境界的方向上去？如此世界不是可以更美好吗？不过我相信，这一天终将来临。

我盼望世界能早一天实现和平，让人类过得更幸福，到那时，人们就不必再期待身后的天堂了。

最近，我常独坐书房中沉思："如果当初郝博士不曾设计出这套教育盲聋者的方法，那我的这一生将变成什么样呢？"

据说在郝博士想到要教育萝拉时，当时的法律上还明文规定着：盲聋者视同白痴。

莎莉文老师在柏金斯盲校时与萝拉同寝室，所以对她的事很清楚，而第一个教莎莉文老师手语的，就是萝拉。

当莎莉文老师告诉萝拉，她将前往亚拉巴马州去教一位又盲又哑又聋的女孩时，萝拉很高兴，同时嘱咐她："不要使这个孩子养成太骄纵的个性，不能因为她有残缺就凡事顺着她，而使她变得太任性。"

临走时，盲校中的那些女孩子们一起托莎莉文老师带给我一个洋娃娃，洋娃娃所穿的衣服就是萝拉亲手做的。我就是靠这个洋娃娃而学到"DOLL"这个词的。

我初抵柏金斯盲校时，莎莉文老师头一个带我去见的人就是萝拉。当时萝拉正在房中编织，由于很久没有见到莎莉文老师，因此非常欣喜地迎接我们。同时也吻了我。可是当她看我想伸手去摸她所编织的花边时，就很快地把花边移开，并且用手语对我说："你的手太脏了！"

我又想用手去摸她的脸，她向后一闪，暗示我的手太脏。同时还问莎莉文老师："你没有教这个孩子礼貌吗？"接着，她很慎重地一字一字对我说："你去访问一位女士时，绝不可太随便。"

我一连碰了几个钉子，心里当然很不痛快，因此就使性子一屁股坐在地板上，可是萝拉也不含糊，她立刻毫不客气地一把将我拖起来。

"穿漂亮的礼服时绝不可坐在地板上，会把衣服坐脏的。你这个孩子真是任性，一点儿教养都没有！"

我们要告别出来前，吻别她时不小心踩到了她的脚，免不了又被她训了一顿。事后萝拉告诉莎莉文老师："这个孩子似乎任性了些，可是脑筋倒是很灵活的。"而我对萝拉的第一印象是觉得她冷酷得犹如钢墙，令人无法亲近。

萝拉与我有不少相似的地方，因此，很多人拿我俩做比较。

我们变成盲聋时的年纪相仿，开始时的行动粗鲁，不易管教也很类似；此外，我们两人都是金发碧眼，又同样在七岁时开始接受教育。但萝拉用功上进的程度远在我之上。

这个暂且不说，萝拉确实是一个既聪明又善良的人，如果她当初也像我一样，有一位像莎莉文这样的老师来教导她，则她的成就必然比我大得多。

一想到这点，我就不得不庆幸自己的幸运。可是当我再想到自己已经活到四十多岁，而且能和常人一样讲话，但对那些仍生活在黑暗荒漠中的人却一点贡献也没有时，又不禁惭愧不已。

该做的事情实在太多了，就既有的资料显示，在国内，除去年纪很大或卧病在床的以外，那些又盲又聋在等待指引他们走出黑暗世界的就有三百七十九人，其中十五人目前正值学龄阶段，可是却没有学校能收容他们。

常有人问我："我该如何来处理这样的儿童呢？"

由于小孩子们智力、环境各异，因此我也不能很肯定地告诉他是该请家教，或是该送到哪一所学校去。我们能说的只是："在儿童的眼耳机能未完全丧失前，要尽快送到附近的盲哑学校去，否则这样的儿童日后会不愿意学习的。"

在此，我顺便向大家说明一件令许多人感到好奇的事，那就是一个人虽然生活在黑暗或沉寂中，可是他仍像常人一样可以回忆、可以想象，过着属于自己的快乐生活。当然，他要尽量以他可能的方式去接触这个世界，不要自闭在这个世界之外。以我为例，因为我有许多朋友，他们又都热心地把他们耳闻目睹的经验灌输给我，因此，我同样可以生活得多彩多姿。我永远不会忘记这些朋友们对我的帮助，他们给了我许许多多的勇气与快乐。

无可讳言，身体上的不自由终究是一种缺憾，这点我也很了解。我不敢说从没有怨天尤人或沮丧的时候，但我更明白这样根本于事无补，因此我总是极力控制自己，使自己的脑子不要去钻这种牛角尖。

我时常自勉的一个目标是：我在有生之日，要极力学会自立，在能力范围之内尽量不去增添别人的麻烦。以宗教上的说法来表示就是：带笑背负起自己的十字架。这并不是对命运投降，而是面对命运的磨难，要设法克服它。

这种事在口头上说来非常容易，可是要付诸实施的话，如果没有很深刻的信仰、坚强的毅力，再加上友情的温暖、上帝的指引，只怕很难做得到。

现在回忆我的过去，值得安慰的是，我至少可以做一只"只会模仿猫头鹰的鹦鹉"。所谓"只会模仿猫头鹰的鹦鹉"代表什么？作家爱德华在完成《小洞的故事》这本书后，写信给他的一位朋友说："我的祖父养了许多鹦鹉却什么也不会，只会模仿猫头鹰鼓翅的样子。来访的客人们总是免不了要兴致勃勃地谈论鹦鹉们的精彩表演，并频频追问它们还会什么新奇花招。此时祖父就会一本正经地说：'快别这么说，否则我们的比利会不高兴的，是吗？比利，来，你来模仿猫头鹰给他们看吧！'我常常想起小时的这段往事。现在我写了这本书，就像那只只会模仿猫头鹰的鹦鹉一般。"

我也把自己比喻成比利，因此很认真地模仿猫头鹰。我的能力太有限，我所能做的只有这件事，就跟小鹦鹉比利一样。

我在佛立斯特家中的书房写完自传的最后一行，由于手很酸，暂时停下来休息一下。

这儿的院子里有落叶松、山茱萸，但是没有洋槐，至于为什么没有，我也不知道。我的脑海中时常浮现出洋槐夹道的小径，因为就在那条小径上，我消磨过许多时光，同时享受着朋友们无限的温情，那几乎可以说是我的人生小径。现在，这些朋友们有的还在人间的小径上走，有的则已徜徉于天国的花园里了，但我对他们的怀念如一。

认真说来，我过去曾看过的许多好书都是我的良师益友，它们代表着许多智者的智慧结晶，我同样对它们怀着敬畏与感恩的心情。

我的自传称不上是什么伟大的作品，如果说其中还有些价值的话，并非由于我的才能，而应归功于发生在我身上的那些不平常的事情。也许神视我为他的子女而委以重任，希望由于我的盲聋而对其他人产生一点儿影响吧！

神使我眼不能见，耳不能听，因而也无法说话，是想通过这种残缺而给世上的残弱者一些启示。神待我不薄，因为他为我送来了莎莉文老师，由她带领我离开黑暗而沉寂的世界。

莎莉文老师自己的视力从小很差，当她担任我的家庭教师时，也只能看到些许光线而已。一个不太健康的弱女子只身远离她的朋友，来到亚拉巴马州的一个小村落，这种勇气不能不说是受了冥冥中某种力量的支配。她为了我不辞任何辛劳，以她微弱的视力为我念了许多书，且成为我与这个世界最初也是最主要的桥梁。我与她非亲非故，她为我所做的一切，岂仅是因为"喜欢我"这句话所可以解释的。

直到现在，老师仍然靠着一副度数非常深的特制眼镜来阅读，那副眼镜是贝尔博士精心制造的。

由于我无法读自己的打字稿，有关事后的修改工作，都是由老师以手语为我复诵。当老师帮我做这些工作时，贝尔博士又得伴在老师身边，观察她的视力，随时加以调整。

老师为了我，不惜付出一切，她为什么对我这么好呢？

我始终相信，只要莎莉文老师有这个心，她可以轻易地成为妇女运动的领导人物，或是一位知名的女作家。可是她却宁愿把一生的精力花在我的身上。她鼓舞了我服务社会人群的心志，遗憾的是，我一直没有良好的表现以报答老师的一片苦心。

最后，我要说，虽然我的眼前是一片黑暗，但因为老师带给我的爱心与希望，使我踏入了思想的光明世界。我的四周也许是一堵堵厚厚的墙，隔绝了我与外界沟通的道路，但在围墙内的世界却种满了美丽的花草树木，我仍然能够欣赏到大自然的神妙。我的住屋虽小，也没有窗户，但同样可以在夜晚欣赏满天闪烁的繁星。

我的身体虽然不自由，但我的心是自由的。且让我的心超脱我的躯体走向人群，沉浸在喜悦中，追求美好的人生吧！

第三部分

春风化雨

——莎莉文老师的故事

　　我们都知道，莎莉文老师是再塑海伦·凯勒生命的人。可我们大概也只知道这一点。因为大部分时间，她都站在海伦光芒的阴影下。

　　她的身世如何，她为何懂得教育一个聋哑孩子的方法，又因为什么机缘来到海伦·凯勒身边。在海伦·凯勒上学、演讲期间，她又做了什么，给了海伦·凯勒什么样的帮助……读过莎莉文的故事，你才会真正明白，为什么她能将毕生的时间都献给海伦·凯勒。

背井离乡

安妮心里哼着："我要走了，我要走了，我就要走了。我不在乎哪里是我的家……"

再过几分钟，她就要离开这个家，乘着马车，再转搭火车，远离而去。多么令人兴奋啊！

她不知道她将去何方，但她一点儿也不介意。她只知道那个地方，比邻镇西乡更远，更远。她父亲曾带她去过离此地五里路的西乡，不过那已是很久以前的事了。

蓦然出现的马车，吸引了安妮全部的注意力。"安妮，安妮，我在这儿！"从车厢里探出一个小男孩的头，热切地叫喊。

"安——妮——"吉米再一次高喊。亲情涌上心头，哽住安妮的喉咙。自从母亲去世后，酗酒成性的父亲无力抚养他们姐弟三人，莎莉文家族就作主把他们三人分开了，将患有眼病的安妮交给她的堂哥抚养，将玛丽和臀部患有肿瘤的吉米交给爱伦姑妈抚养，然而由于安妮的眼病和桀骜不驯以及吉米的病情严重，家族经开会决定，将安妮和吉米送到救济院去。这是几个月来他们姐弟俩第一次见面。

有一个人大步走上大门台阶，堂哥约翰·莎莉文也同时出现在门口。

"汤姆斯先生，你好。"

"莎莉文先生吗？"

两人握手寒暄后，约翰将安妮的小包袱交给汤姆斯。那是安妮仅有的一点儿财产。

约翰告诉安妮："这位汤姆斯先生就是来接你和吉米的。"

"安妮，你好。"汤姆斯很有修养地和她打招呼。

安妮不理不睬，侧向弟弟。"吉米，吉米，真是太棒了。"她激动得喘不过气来。

善感的吉米体会到姐姐的感受。他微笑着，轻轻拍了拍旁边的座位。

她再也不要回来了！安妮·莎莉文挺起胸膛，踏上了不归路，头不回，脸不转，奔向人生的新旅程。

片刻，马车驶过放牧山，他们走在陌生的乡间小道上。

吉米兴奋不已，不时叫安妮东看西望。"安妮，你看！那边湖中的天鹅，它们在水里不冷吗？快看那房子！那个红砖房子，有四个烟囱！安妮，看到没有？每个角落都有个烟囱。"

多半的时候安妮都会焦急地喊着："在哪儿？快告诉我。"她的眼睛不好，视力时而同常人一样，影像清楚，时而又一片模糊。今天的视力真是令人失望。远远望去一层云雾，朦朦胧胧，看不清东西。她的眼睛患颗粒性结膜炎，几乎要瞎了。

她聚精会神，一心观望却还是视野茫茫，只能从吉米的赞叹声中想象美丽的景色。

可惜马车跑得太快，还未来得及欣赏沿路风景，他们就到了春田火车站。

"统统下车。"汤姆斯先生开心地催促他们下车。

身材高大的汤姆斯微笑着轻而易举地用一只手抱下吉米，安妮则自己跃下马车。

然后，汤姆斯去买了一长串车票。

开始坐火车时的确有趣，但时间一久，兴致慢慢消散了，周围情景就变得平淡乏味了。

安妮望着窗外，看久了觉得两眼热辣刺痛，于是她闭上眼睛。

吉米开始低声呻吟："姐，好痛，好痛哟！"

汤姆斯问："怎么回事？"

安妮迷迷糊糊几乎睡着了，猛醒过来回答他："你应该看看他的屁股，长了一个碗大的肿瘤。"说完又闭上眼睛。

汤姆斯顿时同情起这两个小孩来。可怜的小男孩，长了致命的瘤疮，几乎瘫痪了。瘦巴巴的小女孩几乎成了瞎子。一想到他们要去的那个地方更是让人怜悯。唉！天知道那是怎么样的一个地方。

当列车员巡回叫着"德士堡到了，请准备下车"时已是日落时分了。他们三个人蹒跚地拖着疲惫的步履走下火车。

车站上几乎无人，遥望远处才看到一辆马车停在那里。汤姆斯带着两个疲劳已极的小孩往前走过去。

那是一辆破旧不堪的马车，黑色车厢悬在长满铁锈的高轮子上，摇摇欲坠。安妮注意到车厢顶盖留了些气孔，一把链锁牢牢拴住车厢后的一扇窗户上。虽然安妮对马车没有一点知识和概念，但也感到这辆马车不同寻常，气氛阴森诡异。

汤姆斯先生拿起一把钥匙打开门，说道："进去。"

安妮看到里边有两排木板长凳。安妮不喜欢它，它令人毛骨悚然，她犹犹豫豫不愿意进去，吉米也不肯动。

"你们统统过来。"汤姆斯有些不耐烦了。"听着！我得走了，我把你们交给老丁了。你们不用怕，"他指着马车夫说，"他会带你们去的。"

脸上布满皱纹的丑老头，向安妮和吉米点头招呼，他露出烟草熏黄稀稀疏疏的大钢牙笑着。

看到老丁淳朴善良的笑容，安妮忐忑不安的心才安定下来。

除了上车外，别无他法，到此安妮只好认命了。她爬上马车，汤姆斯把吉米抱到她身旁。"再见。"汤姆斯砰地关上车门。

汤姆斯眉头深锁，目送马车驶去。身为政府官员，他依法执行任务，看着两个天真无辜的小孩坐"黑玛丽"，他也有些不忍。"黑玛丽"是专载醉汉、小偷、杀人犯等的囚车。钱、钱、钱，凡事都要钱，只怪政府没有经费！好在这两个小孩并不知道马车的来历。想到此，汤姆斯才稍感安慰，掉头离开了。

不久，马车奔向一个大门。大门吱嘎而开，车子驶进，停在里面一个院落里。老丁从座位上跃下打开了车门，两个小孩跌跌撞撞地下了马车。

安妮揉揉眼睛，四周暮色苍茫昏暗，黄色大门徐徐而关——将安妮·莎莉文关在里面，与世隔绝。

他们将寄身何处？

这个地方是马萨诸塞州的德士堡镇。收容他们的机构的正式名称是马萨诸塞救济院，多半人干脆叫它：贫民救济院。

救济院

救济院院长郭兰杰先生登记好他们的资料，收好大本子，"好吧！你们俩的资料都登记好了。老丁，麻烦你带小男孩到男宿舍，我带安妮去女宿舍。"

吉米比安妮先了解郭兰杰先生所说的话，这表示他和安妮将被分开。吉米投进安妮的怀抱里号啕大哭起来。

安妮紧紧地抱着弟弟，大叫："不行，不行！我们要在一起。"安妮心中升起从未有过的感情。骨肉亲情、血浓于水的爱使安妮第一次关怀"自我"以外的人。郭兰杰皱着眉头沉思了一会儿，终于点头说道："好！我想吉米可以跟你一起住在女宿舍，但你得答应我，他一定要穿上小围兜兜。"郭兰杰看到安妮脸上的表情，转头不忍再看下去。

穿女孩的围裙？不久以前，他才好不容易脱去尿布的包袱，穿起大男孩子的长裤呢！吉米不禁又放声大哭。

这次安妮·莎莉文的反应很快，她赶紧嘘住了弟弟："好，如果这是一定要守的规矩也只好这么做了。"

马萨诸塞州救济院没有护士，也几乎没有医疗药品。州政府拨给医生的钱不够，镇上的医生也就偶尔例行公事来巡视一趟，在长方形的两栋房子——男宿舍及女宿舍走一圈。

这是一所虚有其名的救济院，事实上是无家可归的流浪者的收容所。无依无靠的垂暮老人、精神病患者、醉汉等天涯沦落人均是这里的常客。安妮和吉米千里迢迢加入他们之中。

第一个晚上，莎莉文姐弟被安排在女宿舍。这一栋宿舍都是生病的老妇人，她们如同幽灵般地躺在床上，不在床上时便坐在摇椅里叽叽嘎嘎摇上几个钟头。灰暗的屋里难得有人语声。

安妮不喜欢这里的气氛，这些妇人阴森森的，没有一点生命活力。她们的缄默和永无止尽地摇着躺椅令安妮身心不安。安妮是初生之犊，满身是劲，除了眼疾，没有尝过病痛折磨的滋味。

多数老妇人并不关心新来的莎莉文姐弟。小孩子不懂事，整天叽叽喳喳，从来没有尊重过这些年纪大的室友们。但有两位老妇人成为安妮的朋友，安妮觉得她们与众不同，至少她们还"活"着。一位是瞎了眼的老妇人，她常拉着安妮的手，讲些奇妙的故事给安妮听。另一位是玛琪·卡罗，她患有严重的关节炎，几乎成了瘫痪，连上下床都非常吃力。她常常借助安妮的年轻力壮，在需要翻身或坐起来时就喊安妮。不管在做什么，安妮总是赶紧跑过来帮她。

而玛琪也代替了安妮的眼睛。她懂得阅读！安妮帮老人捧书，替她翻开新的一页。

玛琪的眼睛和安妮的双手互补缺憾，相得益彰。几个月以来，她们读完了一本又一本书，点燃了安妮的阅读欲望。

在德士堡最初的日子安妮过得快乐无比。她和吉米有东西可吃，各有一张床，可以挪得很近，晚上她可以照料弟弟。居住环境虽然不十分好，白天黑夜常有成群的老鼠出没，但是他们并不以为意。吉米还以此取乐，常用扫把追赶老鼠群，玩着猫追老鼠的游戏。

最令他们感到高兴的是姐弟不用分离，可以在同一屋檐下过日子。上上下下的职员都善待他们，没有人欺负他们、藐视他们。人们从来不干扰安妮，她也不再像在堂哥家那样使性子、发脾气了。她平静地过着日子。有一两次，她正要发脾气，管理员就对她说："你再叫一声……再叫一声就把你弟弟送到男宿舍去。"他的威胁唤醒了安妮的理智。以后的日子，一想到这句话，她就会刹住狂乱叫闹的脾气。

德士堡的冬天来临了。外面酷寒，没有保暖的厚外套，他们只好缩在屋里，不敢出门。在宽敞的女宿舍尽头有一间专门用作太平间的空房子，安妮和吉米把它当成专用游乐室。

3月走了，4月来了，春天终于来到了德士堡，外面春暖花开。安妮总是独自外出游玩，而吉米臀部的肿瘤越长越大，只能依赖拐杖，一瘸一瘸地在宿舍里踱来踱去。他的病一天比一天沉重。安妮每天早上帮他穿好衣服，从床上小心地搀扶他下来，调好拐杖，稳住吉米。"他还能走路，应该不是大毛病"，看着日趋病重的弟弟，安妮无法面对现实，只好找些理由自我欺骗，自我安慰。

他们请来医生，诊断过后，医生将安妮叫到大厅，双手轻按安妮瘦削的肩膀，慈祥地告诉她："安妮，你要有心理准备。你弟弟没有多少时间了。"

安妮目光空洞，一阵冷颤从脊背延伸化成锥心的疼痛。怎么办？她不禁嘶声长啸，紧握拳头拼命地捶打医生，直到有人跑过来拖开她。"够了，够了！"管理员骂着，"再闹就马上把你送走。"

把她送走？就是这一句话打中要害，震慑住了她。她像挨了一记闷棍，怔怔地站在那里。以后的日子，安妮一直陪着吉米，讲故事给他听，照料他穿衣、吃东西……吉米痛苦地呻吟时，她细心地抚摸吉米的背，按摩他的腿，试着减轻他的痛苦。直到吉米临终，安妮没有过片刻的休息，也从没有安稳松懈地睡过。安妮怕一睡，恐怖的事情就会乘虚来袭。小孩子敏锐的直觉告诉她：幽暗的黑夜最是危机四伏，死神会不声不响地悄悄来临，掠夺吉米而去。她要清醒着，全力以抗。

然而，当他们推走吉米时，安妮却睡着了。

她睁开眼醒来时，宿舍里一片昏黑。她觉得不对劲，但却看不到任何东西。安妮急急转向吉米的床——竟摸不到床！

恐惧和忧虑慑住她，使得她不停地颤抖。她下了床，摸黑颠颠走出房间，走到太平间。她双脚发软，抖得几乎无法站立，安妮一再警告自己保持镇定。走进去两步，她伸出手，触到了吉米的床边的铁栏杆。

安妮凄厉的哀号惊醒了全宿舍的人。灯亮了，人们跑过来，看到安妮一动也不动，像一具尸体昏倒在地。一双仁慈的手把她从地上抱起。

安妮错怪了他们，以为最后这一刻，人们要分开她和吉米。她忧伤恼怒，变得像一只猛兽一样凶悍、咆哮、咬、踢……人们抱起她的手，与她纠缠了一阵，最后又只好让她躺回地上。

她静下来，像一具僵尸直直地躺在地上，没有哭泣。多年后她回忆说，当时，她只希望自己死去。那是她生命中一段最心丧神伤的悲哀日子。

我要上学

吉米去世以后，远离德士堡成为安妮唯一的生活目标。

安妮知道，走出救济院的大门并不难，难的是在大门外如何生活。她没有家庭，没有职业，外面的工厂，没有一个人愿意雇用她。年龄太小，视力又差，谁肯雇用这样一个童工呢？

孤苦伶仃的安妮，此时非常需要朋友援助提携。在这些困苦的日子里，安妮终于有了一个真正关怀她的朋友——巴巴拉——德士堡新来的一位神父。他主持女生宿舍每个星期六的祷告和星期天的弥撒仪式。

巴巴拉神父所属的教会虽然只交给他这两项职责，但是，救济院困苦的环境和丧失人生希望的住客却缠住他的良知和同情心。没有事的时候，他常常到这里问候一下。他与男人们聊一些体育消息，也和老妇人们说说笑笑。他也开始注意到安妮，关心安妮。

安妮也开始观察这位新来的传道者。每当他们的目光相遇时，安妮总是避开他的视线，缄默不语地沉湎于弟弟逝去的悲痛中，她没有心情与任何一个人交朋友。每当安妮闪开视线，仍然可以感觉到巴巴拉神父和蔼可亲的微笑。

神父亲切的笑容消除了安妮的恐惧心。神父一床挨着一床，与人招呼寒暄时，安妮就跟在他后面。过了几个月，突然有一天，他们并排走在一起，交谈起来。巴巴拉神父已经成为了安妮的朋友。

神父要回去时，总要拍拍安妮，表示自己的关怀。有一天，他给了安妮一个意想不到的许诺。

那时，他们正站在黄色大门边，巴巴拉神父皱着眉看着安妮，终于忍不住地开口说："安妮，你不应该再待在这儿，我要带你离开。"

巴巴拉神父知道安妮眼睛视力弱得几乎看不到东西。他有一个朋友，在马萨诸塞州罗威郡的天主教慈善医院当医生，医术非常高明。神父要带安妮去看病。在他看来，这位朋友是医治安妮眼疾的最佳人选。

医生马上安排安妮检查眼睛，他告诉神父："我想应该可以给她提供帮助。"他慎重地重复道："应该没有问题，我们能帮她医治好。"

接着，他们马上给安妮开刀，然而手术没有成功。"我不想回救济院去了。"安妮啜泣不已。

神父安慰她说医生还要给她开刀，于是她又快活起来。因为这样一来，他们就会继续留下她，而不必马上送她回德士堡去了。

安妮有生以来第一次接触到有教养而富于同情心的善良的人们。他们也觉得安妮聪明伶俐，讨人喜欢。他们关心她，倾听她的心声。

她再开一次刀，又再开一次……一次又一次，没有一次令人满意。最后，医生们认为已尽所为，无能为力了。

医院是患者所住的地方，如今医生诊断安妮是眼睛失明而不属于眼科疾病，因此安妮必须出院。他们再也找不到借口留下她了。

为了传教，巴巴拉神父奉教团之命远调他乡，离此而去，也无法再顾及她。何处是归处？谁又能收留她呢？

安妮又回到德士堡，没有人注意她，更没有人关心她，她觉得自己沉没在永不见天日的黑暗牢笼中。折回德士堡的痛心遭遇引发了她的思考，她立下志愿一定要离开此地。

日复一日，年复一年——1878、1879、1880 年，安妮还是在德士堡。她几乎全盲，但是志愿依在，只是更飘缈虚幻，难以把持，有时甚至她自己也怀疑梦想是否能成真。

一天，安妮的一位盲人朋友告诉她："安妮，我不知道我是否应该告诉你一些事。也许你知道了也无补于事。不过……你听说过有一种为盲人设立的学校吗？"

安妮屏住呼吸，迫不及待地问："你的意思是，像我这种人可以在那里学读书、写字。"

"一点儿也没有错，只要你能进去。"

现在安妮终于知道了她该去的地方了，但是该怎么去呢？没有一个人有能力帮助她。外面的世界，她一无所知，又怎么能指望别人来帮助她呢？如何与外界取得联系？她不识字，不会写信，她眼瞎，无法走出围墙，更何况外面的环境如此复杂。

安妮脑子里日夜萦绕思虑着这些难成事实的渺茫希望。1880 年，因缘成熟，外面的世界突然闯进了德士堡。

马萨诸塞州官员们大多数时候并不关心州立救济院。结果谣言满天飞，攻击他们的救济院环境是如何恶劣、凄惨，不得已才组团进行调查，今年要来调查德士堡。

德士堡早就该被调查了。1875 年，在这里出生的八十个婴儿，冬天过后，只剩下十个；建筑物破旧，药物短缺；食物低劣，满是虫子、细菌；院内成群结队的老鼠，白天也猖狂地跑出来抢食、伤人。

德士堡的主管也不是坏人，问题出在州政府一个星期只付给每个贫民 1.75 元的费用，包含一切衣食住行。主管们也只能以此为限来维持开销，用可怜的资金来支付柴米油盐、生老病死之事。

总算马萨诸塞州慈善委员会听到各种传言，要组团来调查了。年纪大的人并不寄望考察团能改善他们的生活。诸如此类的调查以前也搞过，大家看多了。

一群人来了，看到救济院里的贫民在最低的生存条件里苟延残喘，他们摇头、震撼、咋舌。他们离去时，口口声声地高喊："需要改善。"然后就石沉大海、信息全无。

然而安妮却期待奇迹能够出现，一切有所改变。她盼望他们发现她，注意到她送她去上学。

玛琪告诉安妮她所听到的消息："这一团的团长叫法郎·香邦，记住他的名字，找到他或许你就可以离开德士堡。"

安妮牢牢记住这个名字。她殷切期盼，久久等待的日子终于来到，全院都在传闻："他们来了。"

考察团来了，他们四处查看居住环境，提出各种问题，试吃食物，趴下来看看老鼠洞。他们对此恶境咋舌，哇哇大叫。安妮跟在他们后面，一个小时一个小时，走遍德士堡每个角落。她看不清楚他们，只能摇摇晃晃追踪他们的声浪。整天在她心中的只有一个念头：如何鼓起勇气，向这些贵宾开口。

调查已近尾声，一切即将结束。考察团一群人走到黄色大门口，与德士堡的主管们握手道别。安妮不知道哪一位是香邦先生。为时已晚，良机将失，她没有多余的时间去辨认。

"收获不少。"一个灰色身影这样说。

"我们会尽快告之我们的决定。再见！"另一个人影说着。大门嘎嘎作响，即将徐徐关闭。

她就要失去最后的机会了！突然，她冲进即将离去的人群中。

"香邦先生，香邦先生！"她向全体团员哭诉，"我要上学，我要上学，请让我上学吧！"她泪水滂沱，声音颤抖。

德士堡主管想把她拖开，一个声音阻止了他："等一等！小女孩，是怎么一回事？"

"我眼瞎，看不见东西。"安妮结结巴巴地说，"可是我要上学，我要上盲人学校。"

另外一个声音问："她在这里多久了？""我不知道。"

他们问了一些问题后，然后离去了。

那一夜，安妮啜泣着入睡，她的"希望"如水中泡影，她确信自己已经完全失败了。

几天以后，一位老妇人步履蹒跚走进女宿舍。

"安妮，安妮，他们叫我快来找你。快整理好你的衣物，你快要离开这里了。"

香邦先生帮助安妮注册入学。她以慈善机构贫寒学生的身份，去离波士顿二十里路的柏金斯盲人学校就读。安妮·莎莉文终于如愿以偿，要去上学了。

临行前，朋友们快速地帮她缝制了两件衣裳。多年来安妮第一次拥有新衣服——一件是蓝底黑色小花，另一件是红色的。离别的日子，安妮选择了喜气洋洋的红色衣裳。

自从住进德士堡以后，四年来的朋友们都到大门口来相送。没有人拥抱她，没有人与她吻别，但她们的叮咛诚恳、殷切。

"要做个乖女孩。"

"等你学会写信，一定要写信回来，我们的安妮，就要会读、会写……"

"不能像在这里一样，老是爱顶嘴。要听话。"

"回来看看我们。"马车夫老丁扶着她坐在身旁。当"黑玛丽"车声隆隆离开德士堡时，老丁挥了挥手中的马鞭，回头指着徐徐而关的黄色大门："安妮，走出这个大门以后，就别再回来了，听到了没？祝你一切顺利！"

老丁的话别她记得清清楚楚，她将所有的祝福都珍藏内心深处，一生不忘。

1880 年 10 月 3 日，安妮坐着马车驶向柏金斯盲人学校，驶向一个新的环境，陌生的生活。安妮奔向她生命中的第二个机会。

第二个机会

　　学校生活开始了。虽然现实生活和她过去想象相距甚远，但是，她多年来梦寐以求的学校生活终于实现了。

　　安妮十四岁，一个毫无社会经验的青涩年龄，她不懂得读、写、加减乘除……她不知道英语、地理、历史等名词和它们的含义，一切都要和幼小的孩童一块儿从头开始学习，她的同学都是一些牙牙学语的幼儿或调皮的黄毛丫头。

　　安妮掺杂在一屋子五六岁大小的小孩中，显得格外老成，笨手笨脚。安妮和她们格格不入，痛苦万分。一些女孩奉上"老安妮"的绰号来捉弄她、排斥她。

　　生活充满了挑战，她陷入困惑、失望、叛逆之中。仿佛一只随时应战的斗鸡，昂首阔步，紧张戒备。每个晚上睡觉时，她都想放声大哭，却只能捶打着枕头低声暗泣："我恨她们，我恨她们所有的人。"

　　时日一晃，数月已过，安妮学会用手指触摸凸起的字母阅读，她学会使用盲文来读和写，可惜她不会拼字，因为她没有耐心学。

有一段时间，安妮错以为人们互相用意念沟通就可以了，何必吹毛求疵，计较或多或少的错误字母呢。的确，要正确地背会这么多单词，实在令人头痛。

英文老师不厌其烦地向她解释："安妮，做事的原则要守正、为善。安妮，要有耐心，要有原则。"然而安妮把这些话当成耳边风，依然我行我素。老师渐渐也失去了耐心，换了别的方法，而这种方法，却深深伤害了安妮的自尊心。

老师把安妮的作文拿出来，当众大声朗诵，当遇到拼错的字，她就停顿下来，用责备的口气、清晰的发音予以纠正，她仔细地在错字上标上红线。

无聊的学生们觉得这是一个十分好玩的游戏，每当老师停下时，他们就笑得前仰后合。笑声像利剑一样宰割安妮、打击安妮。安妮咬牙屏气，一遍又一遍，心中默默地咒骂他们。她几乎每天都要忍受这种折磨。有一天笑声特别尖锐，她再也无法忍受，于是从椅子上跳起来说："好！你们都对。有什么好笑的！你们这些笨瓜，只会笑，只会拍马屁，一群马屁精。"

"拍马屁"是安妮在德士堡惯用的口语，往往脱口而出，并不代表任何含义，然而老师觉得自己的尊严受到了影响。她厉声命令安妮："出去！坐到台阶上，待会儿我会来找你的。"

安妮头也不回，自顾自地走到教室门口，转过身，"我不坐在台阶等。"她又傲然地加上一句，"我再也不要回到这一班来上课了。"砰的一声，她摔了门，掉头走开。

发生这么骇人听闻的事，校方不能不管。安妮被叫到校长安那诺斯先生面前，校长费尽口舌告诫她，让她明白自己是多么粗鲁无理，目无尊长，但安妮仍拒绝道歉，最后是学校的莫美丽老师主动请缨，请求教导安妮。莫老师说："她需要别人的关怀，我们都看得出来，她非常聪明伶俐，学得这么快，又这么好，如果让她半途而废，岂不是糟蹋了上天赐给我们的可造之材？让我来试一试吧。"

安妮捡得另一次机会，莫老师每一周匀出一段时间给安妮，她陪安妮散步，两个人坐在草地上读书和闲聊。

渐渐地，安妮打开心扉，接受了这位充满爱心的新朋友，她不再疑心莫老师，也不再试探她。从此以后，她各方面进步神速，尤其是莫老师最关注的两项——拼字和仪表态度，令人刮目相看。

安妮观察、倾听，而后模仿莫老师温柔的声调、优雅的举止，以及对别人慈祥的关怀……这些都融化了安妮易怒的脾气。她的恶习渐渐消失了，学会了缄默、谦虚。孩子们也尽释前嫌，充满了友爱。有一天，安妮惊奇地发现心里涌现出一种新的感受，她殷切地盼望旭日东升，迎接新的一天，和同学们一起上课、一起吃午餐、一起聊天。

大家慢慢地接受了安妮。不错，她是柏金斯盲人学校的一员，然而，她却像家里的一个童养媳，无法和其他人平起平坐，无法被包容和肯定，就因为她是救济院送来的贫寒学生。这种身份有时候引起许多不便，给她带来许多尴尬。比如，放寒暑假时，学生们都回家度假，老师也各有自己的假期计划，唯独安妮无家可归，经济拮据的救济院不欢迎假期的访客。

找份工作是解决这一问题的唯一办法。安妮已经长大了，可以做事了。她虽然眼睛不好，手脚却很灵活，可以胜任一般家务，如果要求不太高的话，是不难找到工作的。

学校帮安妮在波士顿南部找到一份整理、清扫旅店的工作，旅店位于城里一条热闹繁华的爱尔兰街上。安妮很快就和客居在这里的人们交上了朋友。在她整理房间时，他们常找她聊天。一位房客注意到安妮因眼盲而动作笨拙，他在房门角落同情地看着飞扬的灰尘，熏得安妮的眼睛布满红丝。

有一天，他问安妮："你去看过眼科医生吗？"

"看过千万遍。"安妮不开心地说。

"难道都医不好？"他追根究底地问。

"都没有用。"安妮面无表情地回答，"我点过药，涂过眼药膏，开过六次刀……"

"一点儿都没有效吗？"

"没有。不要谈这些好不好？"

这位年轻人有个医生朋友，他不忍心看着好好的一个女孩，为眼疾受尽折磨。

"安妮，布来福医生是一个非常高明的医生。"他想说服安妮，"也许他可以帮你治好。"

"不去。"安妮固执地拒绝了他的好意。以前巴巴拉神父不就像这个年轻人吗，他的好朋友不也是高明的眼科医生？！

热心的年轻人没有就此罢休。他三番五次怂恿她、劝说她，以至于安妮无法再摇头说"不"了。他兴奋地带着安妮走出爱尔兰街，去找他的朋友。

布来福医生像所有的眼科医生一样：翻眼皮、刮、擦。安妮呆呆地坐着，往事如烟飘浮在心中。"我在做梦吗？好像以前也做过同样的梦！巴巴拉神父带我到罗威郡医院，医生亲自检查……"

"莎莉文小姐，你太苛待你的眼睛了，好在现在治疗还不至于太晚，我可以帮你医好！"医生充满自信的声音打断她的回忆。

"我要马上送你去手术室开刀。"他接着说，"第一次开刀后你的视力不会改变，你回去上学以后要定期回来检查、敷药。等明年夏天的这个时候，我还要给你开一次刀，关键就在此，愿上天保佑我们！"

"真有这样的事?"虽然她心中疑信参半,但还是让布来福医生开了一次刀。冬天过去了,春天接踵而至。她遵守诺言,在波士顿城南部来来回回,到布来福医生诊所敷药治疗。

　　米到波士顿的第二个夏天,安妮到医院等候布来福医生给她开刀。医生要她躺在床上几天,关照她"手术前要调和身心的安宁"。医生一再强调心理因素会左右开刀的成败。

　　"有什么好怕的? 再坏也不过如此,我可不兴奋。"安妮已经有些麻木了,反倒是其他人颇为重视这次手术。医生常常进来量她的脉搏,拍拍她,安慰她。那位热心的年轻朋友买了一磅巧克力糖来看她,前一天晚上护士还送来两碟她爱吃的甜点呢!

　　手术结束后,又过了几天,到了拆绷带的重要时刻,安妮惴惴地张开眼睛。"我看见你了。"她兴奋地大叫起来,几乎从床上滚了下了,她不由自主地绕着床,又叫又跳,绷带散落满地。"我看见窗子,我看见窗子的那一边! 那儿有一条河,有一棵树,我看见你了,我可以看见……"

　　安妮伸出手来战战兢兢,不敢相信地自语:"我能看见自己的手了。"

　　她欣喜若狂,但愿这不是一场梦!

玷辱校誉

安妮的视力并没有百分之百复原，她所见景物依然像遮了一层薄雾似的模糊不清。医生说他的视力能见度属于"半盲"。但是，好歹能够看见东西了，这是多么奇妙、多么幸福！此时此刻没有一个少女比十六岁的安妮·莎莉文更开心、更快乐了。

柏金斯是专门为盲人开立的学校，安妮从医院回来后，就不能算是瞎子了。但柏金斯学校的老师和学生们都心照不宣，从没有人闲扯问罪，学校规章也有一定的伸缩弹性，同仁们留住了这个孜孜向上、无家可归的爱尔兰裔少女。

学校里的许多老师本身就是盲人，他们发现安妮可以为他们提供许多帮助。她可以替他们跑腿代劳，例如到商店购买配色齐全的毛线、布料和其它用具，她都能够胜任，并且能做出最好的选择。

他们也惊喜地发现安妮具有启发领导小孩智慧的天分。她独具创意，对孩子们非常有耐心，用心去了解他们。她自愿带他们到波士顿城里游玩，心甘情愿牺牲自己的时间，哄他们上床。老师们还信任她，让她带两堂课。

爱心和快乐慢慢征服了安妮的无羁野性，她每天忙得团团转。但她忘不了幼年时的瞎眼、穷困潦倒、惊慌无助、无人关爱的寂寞，因此特别关心孤寂无助的人。也正是这个缘故，她特别关心萝拉。萝拉已经五十几岁了，在柏金斯生活了近四十年。对萝拉而言，柏金斯不只是她启蒙的学校，更是她的家，她生活的全部。

萝拉又盲又聋又哑。她出生时是一个健康、足月的婴儿，两岁零两个月时感染了流行性猩红热。虽没有病死，但瘟疫却夺去了她的视觉、听觉、嗅觉和味觉。病愈后生不如死，生活在黑暗和无声的世界里，没有人能够和她沟通，直到后来山姆·郝博士出现。

郝博士是柏金斯盲人学校的创始人，是一位伟大的教育家。当听到了萝拉的情况后，他想，难道被黑暗困牢的心灵从此就无法疏导、沟通了吗？于是他向阻扰心智层面的生理围墙发起了挑战。

萝拉八岁时，郝博士带她来到柏金斯来。"触觉"是萝拉与外界沟通的唯一途径。运用双手触摸是开启她心智的最后一条通路，郝博士利用特殊的盲文手语来教她。

聋哑手语是为聋哑者专门创造出来的一种语言，利用手势代表文字。每个不同的手势代表不同的字母，不同的字母次第合并成一个字。萝拉是瞎子，她看不见手势，为了她，郝博士采取了另外一套方法。他在打手语时把萝拉的小手牵过来。让她感觉手指的变化，由触觉使她领会不同的手势代表不同的意义。

萝拉学得又快又好，她不仅能辨别不同的动作和语言，还能正确地拼回到郝博士的手掌中，可惜对萝拉来说，这些字母没有任何意义，只不过是不同姿势的手指韵律而已。郝博士要教她的是这些不同指形所包含的特殊含义。

他拿来一个特定的东西让萝拉抚摸，然后在她手中拼写出东西名称来。但是，萝拉依然无法领会拼在手中的字和物体之间的互相关系。

一天，郝博士拿出一把钥匙放在她的手里——钥匙是郝博士每天让她触摸的熟悉物品。郝博士就用手语在她手上写"钥匙"两个字，以前他们也写过无数次。郝博士不经心地观察，突然间，郝博士感觉萝拉的手指在他手里僵住，他看到萝拉脸上闪出领悟的喜悦。她懂了！她终于解开物品与手语的关系了。

萝拉渐渐学会了许多单字，但仅限于单字而不是"句"，更不是一连串字构成的"语句"。她无法把这些字词正确地串成句子，表达完整的意思，而且一些动词或者表达情绪的抽象名词又怎么用手势来比画呢？像"爱"、"恨"、"生气"、"友谊"等名词该如何向她传达？怎样才能使萝拉心领意会这些字所包含的意义呢？

郝博士没有把这些抽象字硬塞给萝拉，毕竟萝拉的手指能顺利地识别一些常用字，已十分难能可贵，这令郝博士相当满意。一位又聋又哑又盲的残障者，还能期望些什么呢？郝博士就此打住，不再教萝拉更深一层的东西。

郝博士打开了锁住萝拉人生黑暗无声的枷锁，当然也知道无法期盼她像正常人一样，心智与体能并用，创造更美好的人生。但萝拉的努力表现足以引起当时社会人士的惊叹和同情。这是一桩人人传颂的奇迹，人们不远万里赶来柏金斯看望萝拉。物换星移，而今郝博士去世已久，萝拉已近暮年，人们早就遗忘了她轰动一时的成就。

盲文手语是柏金斯学校的必修课程，所有的学生都能够和萝拉沟通，只不过许多学生太忙，难得有空找她聊天。萝拉终日独自坐在她那洁净的屋子里。房间里摆满了书籍，她日日夜夜以读书或做针线来排遣寂静黑暗的岁月。

每每经过萝拉屋子，安妮不忍心过门不入。这位长年枯坐窗边，整天做女红度日的垂暮妇人勾起了安妮的同情心。安妮每天情不自禁地溜进萝拉的房间，用手与她交谈片刻。萝拉带着少许古怪的意味，小心谨慎地回答，即使有时安妮不能完全了解萝拉的意思，但也体贴地表示她明白了，安妮怕刺伤萝拉的自尊心。寂静的交谈中，她们的友谊渐渐滋长，同时安妮的盲人手语技巧也达到了炉火纯青的境界。

安妮喜欢到波士顿城里，当然，柏金斯学校是她现在的"家"，但以她的眼光来说，柏金斯代表的世界太小，她在安那诺斯校长办公室穿来穿去，希望校长能派她出门办事。

有时，在安那诺斯校长那儿找不到派她出差的公事，她便以拜访医生、治疗眼睛为借口去波士顿，校长总是点头同意，从来没有阻止过她。

安妮喜欢漫无目的地在波士顿街上闲逛，看着五光十色的街景，熙熙攘攘的过客，偶尔与不相识的陌生人闲聊。安妮品尝生活的滋味，感到心满意足。

只有一次——仅此一次——她特意去了一个地方，十分特殊的一个场所。当时报纸上的一栏记事吸引住了她，波士顿法院将举行一场公众听证会——关于德士堡的另一次调查的公众听证会。安妮犹豫了一下，真要去吗？这还用问？非去不可，一定要去。安妮直奔波士顿法院。

安妮兴冲冲满心希望，预料法院中人山人海，大家都关心德士堡，愿意助困苦的德士堡一臂之力。然而她错了，法院里空荡荡，她一个人孤孤单单地坐在第一排。她百感交集，紧紧咬牙忍住过去生活阴影重现心中的激动情绪。

公众听证会草草结束，他们提及这么多事，老鼠、食物、建筑物、缺乏救济金等等，然而却没有人表示关心，只有安妮伤心感慨地回忆起德士堡贫困痛苦的日子和关爱她的残障老人们。奇怪，听证会中提到了许多事，却没有谈到在救济院中的穷人，安妮以为可以听到关于玛琪·卡罗和其他瞎眼婆婆的消息，然而没有人说到那些曾经善待安妮、讲故事给她听、教她做人做事的好心的长者们。没有只字片语！安妮的思念化成无尽的泪水，她急忙转身快步离开法院。

在波士顿，柏金斯盲人学校美誉远播、名气响亮，无人不晓。安妮身穿学校制服出现在法院中，引起人们的各种猜测和窃窃私语。她的法院之行，很快就传到了柏金斯，没有多久，每个人都知道她去过法院。

事情传到安那诺斯校长耳朵里，校长十分震惊、恼怒。柏金斯清纯闺秀岂可擅自造访沾满人间腥秽罪恶的法院，那绝对不是良家女子的行径。

"安妮，我已经够容忍你了，怎么又闯出这么大的祸？既然你是柏金斯学校的一员，就不应该到那种地方去，你玷辱校誉，丢尽了学校的面子。"

安妮默默地站在那里，洗耳恭听校长的痛斥。好吧！等他骂完了，就会冷静下来的，也就会像往常一样雨过天晴。

然而事情并没有安妮想象的那么乐观，安那诺斯先生对此事耿耿于怀。

他说："安妮，我想柏金斯已无法让你继续留下来了，你惹了太多是非，我会安排送你回德士堡去。你已经十七岁了，明年就十八岁了，已经可以自立。至于是否愿意继续留在德士堡，那时候你有权自己自由选择！"

听到"德士堡"，安妮好像挨了当头一棒，茫然若失，说不出一句话。她恍恍惚惚穿过走廊，回到寝室里，瘫坐在床上。她忧心忡忡，同时又疲惫不堪，蜷在床上很快就昏睡过去了。

第二天，安妮的新义母霍布金太太推醒了她。

"安妮，不要愁。"这位满怀母爱的妇人安慰忧虑惶恐的女孩。"我已经和安那诺斯先生商量过，让我来当你的监护人。我向他保证，从今以后由我来负责你的一切，并且保证绝不再发生诸如此类的事情了。"她笑容可掬地说，"不要担心，他答应我你可以留下来！"

青春集锦

安妮的新义母——霍布金太太，是一位慈祥孤独的女人。她守寡多年，和独生女儿一直住在鳕鱼角的一间小房子里。婚后不久，孩子刚刚出生，丈夫就去世了，她含辛茹苦，独自挑起了抚养女儿的重担，盼望女儿快快长大。母女俩相依为命，女儿成了他的精神支柱、生活的依托。

女儿十七岁时，长得亭亭玉立。然而人世无常，突然生了一场急病去世了。霍布金太太心痛欲绝，常常孤独地徘徊在鳕鱼角的海滩，思念悲伤。有一天，一群在海滩上玩耍的盲童引起了霍太太的好奇心。他们是谁呢？经过打听才知道这些孩子是柏金斯学校的学生，来此地游玩。他们引起了她的同情与兴趣。1883 年秋天，她向该校申请义务工作——当孩子们的义母。

霍布金太太和安妮是两个性格极其不同的人。霍布金太太甜美、温柔，凡事容易紧张。她永远无法了解安妮。安妮快乐时情感奔放，痛苦时排山倒海，不加压抑地倾泄情绪，还有钻牛角尖的执拗脾气及丰富的想象力。其实这些都无关紧要，霍布金太太需要的是施爱的对象。安妮和她逝去的女儿年龄相仿，才华四溢，又处于恶劣的生存环境下，让她十分同情。

于是，安妮有了假期可以回的"家"了。夏天一到，霍布金太太就来接安妮去鳕鱼角那栋风吹日晒的灰色房屋。在这里，安妮得到了梦寐以求的"家"的温馨和自由。无忧无虑，充满蓬勃生气地享受她的青春。在晚年安妮的回忆中，那是一段缤纷灿烂、生命闪烁发光，并且不可言传的美好时光。只是日子过得太快、太快了。

过了几个心旷神怡的寒暑假后，转眼安妮已十九岁。这是她在柏金斯的最后一年。日子在勤奋用功读书和一连串考试中飞逝而过，接着就是毕业典礼，在1886年的八名毕业生里，安妮的成绩遥遥领先，独占鳌头。大家公推安妮在毕业典礼上，代表全体毕业生致辞。

毕业典礼那一天，霍布金太太为安妮准备了高雅亮丽的礼服和一双崭新的白皮鞋，还把自己女儿曾经系过的粉红腰带拿出来，亲手为安妮系上。

安妮轻快地走到镜子前面，看到一个气质高雅，衣饰纯净的窈窕少女。

霍布金太太提醒说："该走了。"她们走过波士顿街道，到达毕业典礼会场——德雷蒙教堂。

柏金斯盲人学校，由山姆·郝博士和他的朋友始建于1832年。当时的盲人们无法接受教育，多半沦为乞丐、流浪汉或成为拖累家人的残废。社会摒弃他们，他们也自暴自弃。郝博士立下志愿要教育他们，使他们能够参与正常、健康的社会生活。自从郝博士成功地教育盲、聋、哑的萝拉后，声誉远扬，名震全国。从此社会各界名流争相支援，赞助柏金斯盲人学校，使它历久不衰。因此每每遇到学校毕业典礼，波士顿的重要人士们都要在百忙之中赶来参加。

安妮看到人潮挤满了会场，座无虚席，倒抽了一口气，她没有料想到竟有这么多来宾，她一直以为只要向几位老朋友和爱护她、教导她的师长们聊表谢意就够了。她愣住了，脑袋里一片空白。本来背得烂熟的演讲词，竟然一个字也想不起来。

贵宾席设在高了几个台阶的讲台上，中间有一空位留给毕业生代表，霍布金太太带着哆嗦发抖的安妮走向讲台。

"妈妈，我好害怕。"安妮的上下牙齿咯咯打战。

"没有什么好怕的。"

"我连演讲词都想不起来了。"

"不用怕，船到桥头自然直。"

"我已忘得光光了。"安妮绝望地摇头。

她们走到台阶前，看到莫老师站在那儿，她看着安妮。

"安妮，祝福你，我们都以你为荣。"莫老师将粉红色的玫瑰花别在安妮胸前。安妮微笑着，谢过了恩师。安那诺斯先生也在那儿，他伸出手，挽着安妮走向台上。

安妮走向人生的新舞台。在来宾热切的注视下，安那诺斯校长挽着安妮走向讲台中央为她保留的贵宾席上，虽然他们曾经预演过，但安妮依然紧张得全身僵硬，好像校长要拖她上断头台。

典礼开始了，马萨诸塞州州长站起来做了一个简短的致辞，就转向安妮说："让我们大家鼓掌，欢迎安妮·莎莉文小姐代表毕业生致辞。"

听到州长说"安妮·莎莉文小姐"，安妮如同电击，该轮到她了。她站了起来，向前迈了一步，可是好像被钉在椅子上，抖得站不起来。

州长走过来微笑着鼓励，似乎向她说："不要怕，我们都一样。"听到他再度叫"安妮·莎莉文小姐"，安妮从座位挣扎站起，脑中一片空白，机械地走向讲台中央。

州长开始鼓掌，台上台下来宾也热烈地回应起来。如雷的掌声震得安妮如梦初醒，短短的几秒中，她恢复了镇静，重拾了自信。

掌声稍歇，安妮吞了口水，进出"各位贵宾"几个词。一开口，她便如释重负，记起了她的演讲辞，她昂头挺胸面对着听众。

"我们就要踏进忙碌的社会，参与创造更美好的、更快乐的世界……"她满怀信心，演讲如流水般潺潺而下，娓娓动听。

"个人的修养虽然只是小我的进步，推而广之，可以影响整个国家，美化整个世界。我们不能停住脚步；我们要时时刻刻充实自己，好为尽善尽美的明日奉献出我们努力的成果。"

她以简洁的"谢谢各位光临"结束，所有来宾都起立鼓掌。接着是一连串握手、赞美和酒会。

曲终人散，安妮坐在床边久久不动，她轻轻地抚摸腰上的粉红丝带。"何时再穿这些？"她小心翼翼，解下腰带叠好，脱下美丽的白鞋，用干净的软布擦拭，再放进盒中。她抚摸着上衣的每一颗珠扣，恋恋不舍地解开，把绣满花边的衬裙摊在床上仔细欣赏。

"这些都是霍布金太太的精心杰作。她是多么呵护我，多么疼我，花了多少心血，多少时间，多少钱！"

钱！钱把安妮拉回到现实世界里。她现在已从柏金斯盲人学校毕业了，不再是学生身份，不再是受人照顾的未成年者。她已经长大，应该独立赚钱养活自己了。

毕业后，安妮和霍布金太太一起回鳕鱼角过暑假。她的日子不再像往日那样无忧无虑了，想到将来前途茫茫，她一筹莫展。到了8月底，眼看暑假即将结束，安妮突然收到柏金斯校长安那诺斯先生的来信。

亲爱的安妮：

别来无恙？寄上凯勒先生的来信，请仔细看一看。凯勒先生为他又聋又哑又盲的小女儿寻求一位女家庭教师。你有兴趣应征吗？请来信告诉我。

请代问霍布金太太好！

祝快乐！

你的朋友　安那诺斯

无明世界

安妮读完了凯勒上尉的信后，感觉非常沮丧。她不喜欢这份工作，一点儿也不喜欢。待在南方一个古老小镇上，人生还有什么希望和情趣可言呢？

安妮在房间里踱来踱去，轻弹手中的信。"谁要去当家教！"她不甘心，但又有什么其他选择呢？毕业以后，这是唯一能糊口的就业机会。第二天，她坐下来写了一封回信。

"亲爱的安那诺斯先生，谢谢校长的培育和关怀。经过慎重考虑后，我诚心接受您所提供的职位……"

去教那个又聋又哑又盲的学生之前，安妮要求回柏金斯一趟，她需要回去仔细研究萝拉的学习资料作为参考。

整整一个秋天和冬天，她都忙于翻阅关于萝拉所有的记录，加以细心研究。收获令她兴奋不已，但她还是没有信心去接受这个职位。她知道要与聋哑盲者沟通是一件困难无比的事，然而她并不十分清楚这事究竟有多困难。

安妮深信郝博士是位天才，否则他不会取得成功。当时也有许多人试验教类似萝拉的残障儿童，都宣告失败了。她何必明知故犯，去自寻失败的苦果呢？

记录里有一段让安妮读得心寒，它记载了萝拉早期的老师伯乐小姐的故事。伯乐小姐负起教导萝拉的责任，日夜与萝拉共处了三个月，日久生情，她非常喜欢萝拉。有一天她去找郝博士，希望让她不再教导萝拉了，她说："萝拉真是个好女孩，但是我再也无法忍受那可怕的沉默了。"

读到这一段，安妮不禁打了一个寒噤。她自问："我受得了吗？"

1887 年 3 月 3 日，亚拉巴马州的一个小镇塔斯甘比亚，安妮坐了三天三夜的火车到达这里。她双眼布满红丝，精神萎靡不振，长途跋涉使得她困顿不已。凯勒太太和她的继子詹姆斯来车站接她。

马车驶入凯勒家的庄园。这是一栋绿色窗帘点缀的白屋，屋前一片花园，百花锦簇。

安妮急切地问："海伦呢？她在哪儿？"这时，凯勒上尉走过来。

"你好！安妮小姐，我是海伦的父亲。"上尉和安妮打招呼。

安妮以点头作答，继续问："海伦呢？"

"她在那里。"他指着门口，"她觉察到这几天大家都忙着一件非比寻常的事，惹得她发脾气。"

安妮看到了海伦。海伦站在门口阴影处，绿色的爬藤遮住她，她的头发像黏成一把的干稻草垂在肩上，上衣钮扣没有一个扣对；咖啡色的鞋子沾染了尘土和泥巴，一双肮脏的小手死劲地揪着藤叶，一片一片撕碎。

"怎么没有人关心这个小孩？"这是安妮的第一印象，后来才知道海伦太调皮捣蛋了，根本不听任何人的管教，只要有人靠近她，她便狂暴发怒。

安妮压抑着心中的沮丧，踏上台阶。她的脚一触到台阶，海伦马上转过身来，她知道有人从大门口向她走过来，她感觉到穿过脚底增强的振动频率。

海伦等待着妈妈！这几天妈妈经常出门，海伦无法用言语表达她的喜怒哀乐，她张开双臂，跳进怀里，安妮接住了她。

不是妈妈！她像一只被网罗的困兽，用力挣脱出陌生人的怀抱。安妮一紧张，把她环抱得更紧，这一下惹火了海伦。

"快放手！"詹姆斯大叫，"她会伤着你的。"安妮吃了一惊，赶紧松手，心有余悸地问道："为什么？难道我做错了？"

"不，安妮小姐，她不要别人抱她。"凯勒太太向她解释，"自从病了之后，她就不曾亲过别人，也不让别人亲她、抱她、哄她。"

"有时只让她妈妈亲一下。"凯勒上尉补上一句。

詹姆斯坐在台阶上，幸灾乐祸地往下看着安妮并嘲弄到："现在你总该明白了吧！你是来教一只小野兽，是一个小野兽的家教。"

"詹姆斯，闭嘴！"凯勒太太大声地责备。

"说够了没？进去。"凯勒上尉严厉下令。

凯勒太太看出安妮的疲惫不堪，便说："亚瑟，请先带莎莉文小姐到她房间，其他的事待会再说吧！"

安妮感激地向凯蒂微微一笑，随着凯勒上尉走上楼梯。

安妮在上尉的背后说："海伦该不会受惊吧！我看她愣了一下，就想挣开，我想没有吓住她，看来……她好像天不怕，地不怕。"

"是的，她天不怕，地不怕，问题就出在这里。"凯勒上尉苦笑着回答。

凯勒家腾出一个房间，粉刷装潢成淡雅的白色，作为安妮的房间。上尉放下皮箱，"好吧！你慢慢整理。"他和蔼地说。海伦一直跟着他们走上来，进到安妮房间。凯勒上尉做了一个手势，示意带她走。

安妮说："让她留下来吧！她不会烦我的，我们迟早要互相认识的。"

安妮自顾自地打开皮箱，开始整理东西，她不去刻意讨好海伦。海伦对这个陌生客人的一切充满了好奇，她的小手跟着安妮的动作上上下下，黏乎乎的脏手无数次打开又关上皮箱，安妮说：

"你真是顽强的小东西！"

海伦摸到安妮的旅行便帽，好像知道这是什么东西，她拿了帽子戴在头上笨拙地在颚下打了结。她摸索着站到镜子前面，昂头、偏左、偏右侧视，又上下打量。

安妮不禁大笑，"你这个小顽皮，学得可真不错。你看过妈妈这样照镜子，是不是？"她忽然愣愣地停住笑声。她竟忘了海伦又聋又盲，一直对着海伦喋喋不休。海伦慧黠灵巧，令人忘记她是听觉、视觉全无的残障小孩。

安妮犀利的眼光盯住海伦正在解开帽子结的小手指，肮脏的小手已东抓西摸，另寻新的花样去了。

"你已经学会了很多东西了，我敢打赌你能够用你的手充当你的眼睛，你可以用手做很多事，是不是？哈！这些都是小意思，好戏在后头哩！过几个星期你就要用手学习读和写，你的手会帮你打开枷锁，让你自由。"

小暴君

安妮离开波士顿时，柏金斯的学生们给安妮带了一个洋娃娃。娃娃是大家共同出钱买的，由萝拉缝制了一件漂亮的外衣，是孩子们送给海伦的礼物。它静静地躺在安妮的皮箱里，海伦好动的手早就发现了它。

洋娃娃！多么亲切而熟悉的形象。在海伦房间里有一大箱大大小小形状各异的娃娃，海伦用力拉出娃娃抱紧它。

"好的开始，事半功倍！"安妮决定就地取材。她拉住海伦的手，在掌心中拼写："DOLL（娃娃）"。海伦马上抽回她的手，她一向不喜欢别人摸她。但她的好奇心克制了厌恶感，当安妮再次拉着她的手时，也就任由安妮摆布。

"娃娃"，安妮一次又一次，重复把这个词描画在海伦的掌中，然后她让这个迷惑的小孩子拍拍娃娃的头，把娃娃放进海伦怀里。安妮连续做了几次拼字，拍抚娃娃的动作。海伦先是莫名其妙地站着，接着便聚精会神地感触手掌中的描画。

"你们俩在做些什么好玩的游戏？"凯勒夫人手上抱着满满一堆脏衣服，笑问安妮，"也让我分享一点儿啊！我答应不吵你们。"

安妮报以微笑，人生真是有缘！从相见的第一眼开始，她们便十分投缘，进而友谊滋长。安妮心中有数，其他几个人——凯勒上尉、詹姆斯及其弟幸圣第等都以请来的仆人相待，而没有把她当成朋友。

"好吧！看着，"安妮举起海伦的手，又把字拼到掌中，"我把字形写到海伦手中，让她熟习一些手语。"

安妮伸出自己的手，手指快速挥动，做出一连串动作。"我写了'你好吗？天气很好，是不是？'"她向凯勒太太解释。她又转向海伦，"海伦只有一双手可依靠，她的手就是她的眼睛，她的耳朵。"

"今天早上，我把'娃娃'拼写在她手上，等她会拼这个字时，我就把注意力引到她手上抱着的洋娃娃身上，我要让她心里明白字和物体的相互关联。"

"你看，她开始画了，她写出来一边，好，再加一笔。"安妮弯下腰，情不自禁地帮着海伦摸摸索索的指头移动并喃喃地说，"再加一画。"她指引完成这个字。

安妮看到凯勒太太脸上闪过一线希望。

"我们才开始呢！她还不懂得字所代表的意义。"她赶紧解释，"这个只是一种模仿动作，海伦写出'娃娃'这个字，一定没有想到这个字代表了娃娃的实体。字和物体中，来来回回，直到她自己能够了解。海伦，你会了解的，是不是？"

安妮停了下来，她考虑下一句该说些什么。她慢慢接着说："学习一些字以后，要会利用它，这是非常困难的一件事，不过我相信天下没有'不可能'的事。"

安妮回头向海伦说："好吧！让我们多玩一会儿这个游戏。"她伸手拿开娃娃，要海伦在她手中拼写"娃娃"后，再把娃娃还给海伦，她要让海伦加强字和物的相关印象。

海伦并不了解这些，她只知道这个陌生人从她手里拿走了娃娃。她因生气而涨红了脸，喉咙里发出咆哮声，紧握拳头，转瞬间狂怒、凶悍地扑向安妮。

安妮快速地推开娃娃，免得娃娃遭受池鱼之殃。海伦的拳头如雨而下，安妮好不容易抓住她的双手，使尽全身力气握住挥动的拳头。

"安妮小姐，安妮小姐，请把娃娃还给她吧！"凯勒太太央求。

"不，不行。"安妮回答，"她会得寸进尺，如果她常常这样撒野，我又怎么能教她？"

"不给她的话，她不会安定下来，会一直闹下去的。"

"不行。"她一边与海伦搏斗，一边拒绝，"她得听话，她需要服从。"

"可是她从来不知道什么是服从啊！我们没有办法教她懂得这些，安妮小姐，求求你给她吧！"

"看来我又多了一样工作。第一步要先驯服她，然后才能教她学习。"

海伦和安妮不歇手，继续扭斗，互不相让，最后海伦瘫在安妮怀中。

"哈！你总算放弃了。"安妮暗自称快。

没有这么回事，当安妮舒了一口气，松了手，海伦抽身飞快地逃出房间。安妮望着背影，怜悯之情油然而生。"好吧！这一次胜负暂且不必计较，也许我太心急，先要有坚定的信心，不能操之过急，不能用太强硬的手段。我需要一段时间，一步一步来！就是这么简单。"

海伦却一点也不"简单"。第二回合功夫较量，安妮豁然开朗破涕为笑起来。"老天，我当她是谁？"她期盼海伦像萝拉一样温柔、哀怨、苍白，从黑暗寂静的彼岸频频感恩。海伦不是萝拉，她生龙活虎，像一头小野兽，不时窥伺反击的机会。

安妮知道她被宠坏了，这是千真万确的事实，家里每个人都同情她、呵护她、让着她，五年来，盲目的怜悯、宠爱增长了海伦无往不胜的任性，她生起气来俨然像个小暴君，大家都得乖乖听从她。

海伦一直对安妮耍脾气的另一个真正原因是出于惧怕，海伦对这个陌生人产生了畏惧，她感觉得出来，安妮慢慢蚕食了她五年来的生活习性。也许是微不足道的芝麻小事，但这是她唯一的生活方式，没有人打开她的心扉，引导她走向黑暗世界外的灿烂、多彩多姿。海伦小小的生命独自在黑暗中探索，在空寂中奋斗。她年幼无知，不懂得如何排遣无法与外界沟通的绝望感，只有用挥拳、踢脚、尖叫、躲避来发泄她焦急不安的情绪。

一天，凯勒太太交给海伦一叠干净毛巾，示意拿去给安妮。海伦顺从地拿了上楼，半途，她把毛巾丢在地上，自己爬上楼，蹑手蹑脚地跑到安妮的房间门口。

她知道安妮在房间，海伦的小手摸索着门，哈！她摸到钥匙插在钥匙孔。

她很快地转了钥匙，拔出它，连奔带跑下了楼，将钥匙塞进大客厅里的一个抽屉下，然后溜之大吉。

安妮在房中听到门口的咔嚓声，走到门边探个究竟。迟了一步！厚重坚固的门从外面被上了锁，安妮在房里大叫，凯勒太太和厨娘跑了过来。

"安妮小姐，发生什么事？"凯勒太太从外面喊。

"她把我锁在里面了。"

最后，凯勒上尉不得不从谷仓拿来长梯，爬到安妮房间窗口，把她接回地面。

安妮羞得满脸通红，既尴尬又恼怒，院子里挤满了看热闹嬉笑的仆人和帮佣的庄稼汉。众目睽睽之下，一位淑女像一捆棉花般从三楼被扛下来，未免太丢人现眼了。

事后经过一段时间冷静下来，安妮心平气和地想："其实整个事情就像一幕闹剧。"凯勒上尉想到安妮的窘态，忍不住嬉皮笑脸地问："安妮小姐，你觉得海伦如何？"

"我想有一件事我不必担心。"安妮酸溜溜地回答。

"什么事？"

"她的脑袋。凯勒上尉，不瞒你说，我刚来的时候，我还很担心她的病有没有烧坏她的脑袋。还好，小脑袋还是装备齐全，如果不嫌她刁蛮顽皮，她一个人可以抵十个小孩。"

说完，安妮拔腿就跑，逃开凯勒上尉的戏谑取笑。

早餐会战

安妮和海伦展开了斗智斗勇。她们有时针锋相对，有时各自保留，做些试探性的偷窥。安妮还是满怀希望："再给我一些时间，我相信她会有一点良性反应。"

然后来了一场大会战，谁也不能再含糊装傻，不计较成败了。

饭厅是她们的战场。在饭桌上，海伦向来没有规矩。她明知如何使用刀叉和汤匙，却不肯如法使用。她宁愿用手去抓取食物，更糟的是，她也不肯安分守己只抓自己盘子里的东西。她先吃自己盘子里的食物，然后站起来，绕着桌子巡回各席。她的鼻子十分灵敏，能辨别他人盘子里的不同菜肴的香味。对此安妮不得不佩服感叹。但她看到海伦污秽的小手伸到别人盘中，恣意抓起自己所喜欢的菜时，觉得很不是滋味。如果海伦没有侵犯她的盘子，事不关己，她也许不愿惹是非。

一天早上，海伦走到安妮椅子旁边，她闻到香肠诱人的香味从安妮的盘子里腾腾四溢。香肠是海伦最爱吃的，但那是安妮的盘子，她不敢贸然靠近。

海伦动一动鼻子里绕了一圈，仔细闻一闻。嗅觉告诉她其他人的盘子，香肠已空，她又走到安妮旁边。香肠令人垂涎，令人无法抗拒，值得招惹安妮吗？她再嗅一嗅，戒心已动摇，海伦飞快地伸出手。

啪的一声，安妮按住海伦的手，吓得海伦赶快抽回手。但为时已晚，安妮紧紧地把它按在桌上，无法动弹，安妮将海伦的手指慢慢地从香肠上剥开。

凯勒上尉问："你这是什么意思？"

安妮冷冷回答："我拿回我的香肠。"

"莎莉文小姐，你又不是不知道她是个可怜的残疾孩子。我们总该有雅量容忍她一点儿吧！"凯勒上尉好像把安妮当作不通情理的白痴。

安妮深深吸了一口气，镇住将要爆发的怒气。为什么凯勒家里的人老爱插手管事？

"凯勒上尉，我知道海伦残障、受挫折、自暴自弃、可怜……但是你有没有想过，她被宠得无法无天了。让她这样子下去，会毁了她。"

凯勒上尉愤愤地站起来："在我家里，不准剥夺我孩子的食物。"

安妮非常生气。她不甘示弱地顶回他："我也不准在我管教下的小孩，乱动盘子里的食物。"

詹姆斯忍住笑，向安妮投以赞赏的眼光。

"詹姆斯，你有话要说吗？"凯勒上尉凶横地问他。

"没有。"这个年轻人缩着脖子回答。

凯勒上尉继续打官腔："莎莉文小姐，请你搞清楚，只要我在饭厅，不准任何人去干涉海伦。"

安妮冷笑道:"那——就请你回避吧!"

"莎莉文小姐,我很抱歉……"凯勒夫人听到丈夫威胁的口气,赶忙丢下餐巾,站到他旁边向他耳语:"亲爱的,你答应过莎莉文小姐可以按照她自己的方式教育海伦的,是不是?我知道她很尽心地教、尽力地做,我可以保证。"

"其实这都是为海伦好,只是表面上看起来残忍些,事实上也不是什么了不起的事。我们到门口去,让我来向你解释。亲爱的,我们出去一会儿吧!詹姆斯也一起来。"她温和地带着家人走出餐厅。

一个陌生人,一只小野兽留在餐厅,面对着面。

安妮起来锁了餐厅的门,把钥匙放进口袋。她跨过在地上发脾气打滚的海伦,回到自己的座位。

半个小时过得真慢。安妮只顾自己吃,海伦继续在地上打滚。海伦终于自觉无趣,突然想到其他人呢?为什么大家都没有理睬她,也没有人像以前那样哄她?好奇心起,怒气稍歇,忘记了发脾气。

海伦提起劲,走过去看看安妮到底在干什么。"哇",原来她在吃东西呢!海伦一手拍拍安妮的手臂,另一只手偷偷伸到盘子里。安妮把她的手推开。海伦饥饿难忍,又快速伸出手来,安妮又用力推开。

海伦生起气来,伸手狠狠拧了安妮的胳臂。安妮马上用力一巴掌打回去,一点儿也不客气,闪电般反击,使海伦倒抽一口气,痛彻肺腑。她知道传遍感官的痛楚,她再拧,安妮以牙还牙,又毫不犹豫地还击海伦,火辣辣的一巴掌就从黑暗中飞了过来。

海伦改变战略,绕桌子一圈,发现座位都是空的。她冲到门边,用力拉了拉门,门一动也不动,她的手指摸索着寻找钥匙,门被锁上,钥匙也被拿走了。她第一次体验无依无靠,筋疲力尽地与敌人同困一室的感觉。

安妮看到瘫在地上的海伦，不忍心地说："哎！海伦，不要怕，我不会伤害你。"只要安妮靠近一步，海伦就退缩一步。她的自卫本能使她尽量与陌生人保持距离。

安妮痛苦地把头埋在两手中，叹了气。也许她不应该把门锁住，也许期望值太高……不，不！不应该心软。无论如何，应该要有坚定的信心。安妮做此决定后便装腔作势，重新拿起叉子继续吃她索然无味的早餐。

片刻已过，海伦觉得很饿，安妮依然坐在餐桌旁，她不敢靠近。又过了一会儿，海伦饿得无法忍受，站了起来，不敢靠近安妮，绕道回到自己的座位上，开始用手抓麦片。

"不，不行。"安妮起身，拿了汤匙给她。

海伦拿了汤匙后，把它丢在地上。安妮把她从座位上揪起，押着她捡起地上的汤匙，让她坐正。安妮的手刚强有力，不让海伦挣脱，强迫她一口一口喝入口中。

一口……两口，很好！安妮松了手。但是她太天真了。松手的一瞬间，海伦把汤匙掷向安妮。

安妮急忙闪开，汤匙落地，铿锵做声，整个程序又得重来。海伦怒叫、踢打，安妮又得使用武力抓紧她，逼她规规矩矩地吃完早餐。最后安妮放手时，海伦才乖乖就范。她实在精疲力竭，饿得发昏，只好顺从地尽快吃她的早餐。

安妮看着她几乎吃完，心里盘算着："快结束了，快结束了。"哪里知道海伦桀骜不驯，舀完盘中的最后一口，用力拽下餐巾，把它丢在地上。

"老天，你可真刁蛮。丢吧！你倔强，我比你更倔强；你有力，我比你更有力，更有耐心。谢天谢地，我比你强一点儿。你恨吧，你怨吧！我们的成败在此一举，我还不能让你这样就过关，你还得捡起餐巾把它叠好。"

为了叠好餐巾，她们又经历了一场耗去一个小时的奋战。她们互不相让，最后海伦一阵抽搐，软瘫不支了。

海伦的手指循着安妮的指挥，把餐巾对角折一遍，又再折一遍，终于把餐巾叠好。海伦长叹一口气跌回座位，她上完了最重要的一课。

"时候不早了。"安妮非常懊丧。

她打开锁，带海伦来到花园，太阳已高高升到头上。"大好晨光就这样耗费在餐厅里。"安妮听到厨房里传来准备午餐的忙碌声音。

安妮留下了海伦，独自走向屋里，她拖着疲乏的脚步爬上楼梯走进房中，深深舒了一口气，迫不及待地脱下裙子，一头栽倒在床上，泪流满面。四周一片空寂，悄无声息。

单独训练

"凯勒太太，我到处找你。我们可不可以谈一下?"安妮主动找到海伦的妈妈谈话。

"好啊，我也正想和你聊一聊呢!"

安妮抢先说道:"凯勒太太，我在房里左思右想，要教海伦只有一个方法，那就是海伦得离开家人，否则我帮不了忙，最后怕会两败俱伤。"

"你说什么?"凯勒太太吓呆了。

安妮搜索枯肠，寻找温和一点的话来表达自己的想法和做法。最后，逼得她没办法，只好实话实说。

"凯勒太太，在来这里之前，我曾研究过萝拉的病历和学习过程。那时我太单纯，以为一来就可以教会海伦与人沟通的种种方法。来了以后我才知道她像一匹脱了缰绳的野马。现在最重要的工作是要好好收服她这五年来习以为常的刁蛮、任性、不讲理的恶习，要驯服她的野性。"

不待凯勒太太开口申辩，安妮继续说下去："凯勒太太，我知道你们都觉得她很可怜，每次都让着她、纵容她，不分青红皂白，一切都听她的。我很抱歉，这种方法是完全错误的。你们惯坏了她。这是她不听长辈、撒泼不驯的原因。请您明白一点，你们这是害她。现在我要她服从，否则让我从何教起？"

"像今天早晨这种事情，一定还会发生。现在有两条路：一条是不管她、随她去，她不明白我的用心，而我又要违背她的意愿，她不再让我接近。这样子下去，她比一只家畜好不了多少。她的存在，充其量像凯勒家的一匹不驯的马罢了！另一条路是让我带她离开家，单独相处一阵，让我和她能够冷静地互相沟通。"

思虑过后，凯勒太太勉强点头答应："好吧！"她绷着脸说，"海伦的父亲一定不会同意的，一定会愤怒不平，由我来说服他吧！"

"谢谢你，凯勒太太，我保证一切顺利。我们去哪儿住呢？"安妮兴高采烈。

"也许可以住到花园里的小屋子。就在附近，也很方便，虽然只有一间房子，但很整洁。"

"只要有一间就够了，海伦和我可以同住一间。"

"只准去住两个星期，听到没有？以两个星期为限。除此之外，要让我们每天能够见到海伦。"凯勒上尉很不情愿地接受了安妮的建议，但坚持要在两个星期之内看到成果。

安妮想："两个星期怎么够？"但她怕上尉变卦，不敢拂逆他。

安妮通融凯勒家人可以每天偷偷观看海伦，但不能让孩子知道家人就在身边。他们只能从小屋的窗户窥望，不准走进屋里。

第二天，新的实验开始，乍看好像没有什么成果。每一回合，海伦都斗到精疲力竭才停下来养精蓄锐，准备下一场战斗。过了三四天后，模式稍有改变。海伦倔强的脾气依旧，但发作的次数渐渐减少。她开始注意周围的事物，同时每天模仿学一些字。有一天，竟然整天没有发脾气。安妮伸手抚摸她，她也没有抗拒，这是多么令人激动的事情啊！安妮的实验总算有了一点儿眉目。

凯勒上尉把一切看在眼里。一天早上，他从窗外看进去，看到女儿在串一粒粒珠子。第一粒大而粗糙，接着两粒小而光滑，第三粒有三个棱角。海伦依着顺序串成串，小心翼翼丝毫不含糊。她兴致勃勃地串着，没有一点儿错误。

这个"小野蛮人"学会了服从。在学习过程中，海伦向前迈进了一大步。安妮稍感宽慰，但没有沾沾自喜。她们的目标移到第二个阶段：引导海伦和外面的世界接触，建立关系。

安妮坐到海伦旁边，不断地在海伦手里拼字，时时日日，从不间断。过后，海伦把这些字形重拼在等待着的安妮手掌中。海伦聚精会神一心一意地学习，终于能拼出21个字、18个名词，加上3个动词了。她会拼洋娃娃、杯子、钉子、水、帽子等等。她越学越快，只是不明白这些字眼有什么特殊意义。

花园小屋的最后一个下午很快来临了，凯勒上尉走进屋里。"安妮小姐，我们回家吧！动作快的话，我们还可以赶上晚餐的时间哩！"

海伦正在屋子另外一个角落的火炉旁边玩耍。她突然感觉到空气中不同的振动频率，她抬头嗅一嗅，那是爸爸的气味！她惊喜地叫了一声，纵身投到爸爸怀抱里。

爸爸将女儿紧紧搂着。海伦偏着头来闻一闻，另一种她很熟悉的气味。爸爸带了他的猎狗来！

海伦在房中摸索，终于双手抱住毛茸茸的一团——她的老朋友贝利。

安妮转向凯勒上尉，恳求他："请你再给我几天吧！你看得出来她多么惬意，你一定不能相信她学得有多么快。让她集中精神再学几天就可以告一段落了。"

"再说吧！"凯勒上尉不置可否。

安妮心中肯定，他会答应的！安妮愉悦地去分享父女重聚的欢乐。

这时凯勒上尉迷惑地问："安妮小姐，她在干什么？"

海伦曲膝坐在地板上，把贝利的一只前脚托在手上，她的另一只手在狗掌上来回蠕动，原来她在贝利脚掌上一个接一个的拼着字。

安妮不停地笑着说："她正在教贝利拼字呀！"

凯勒上尉不禁开怀畅笑："多么可爱！狗怎么学英文？"然后，他如梦初醒喟然叹息："你是说我们的海伦？"

他让她们整理行李一起回家。

水……水……水

回家后的一天早上，海伦和安妮并肩坐在卧房地板上。安妮抓牢海伦的手，在她手中拼字，一遍又一遍不停地描画着。

她拼写"杯子"，然后把一个杯子递到海伦手里让海伦触摸。海伦顺从地在安妮手中拼回"杯子"。她有些心不在焉，对这种单调的游戏已经心生厌烦毫无兴趣了。

外面百花竞艳、草木青翠，浓浓春意从窗户悄悄渗入。海伦轻轻牵动安妮衣袖，她求安妮带她出去。

安妮看出她的神色不对，似乎又要发脾气了，便说："好吧！好吧！我还没准备好跟你斗哩!"

安妮带着海伦出去，晒着暖暖的春天阳光，海伦在草地上轻巧地跳跃。她快乐无比，早把功课抛到九霄云外了。

她们漫无目的地在花园里游荡。海伦偶尔停下来嗅一嗅小花儿，或在草地上打滚。春暖花香，美好的大自然引发了她们的闲情逸致，但顽固的安妮还执着于早上未做完的功课。

她们信步走到花园角落的古井小屋。海伦开心地连跑带跳，进入小屋，她喜欢天热时这里潮湿的凉意。安妮深深吸了一口气，也跟着进去。

安妮拿起抽水筒把手，用力上下重复压缩。水从龙头哗啦哗啦冲出，水花四溅。她急忙抓了海伦的手，浸在冰凉的流水中，同时用手在她湿淋淋的掌中拼写："水"。

海伦挣扎要抽出手，安妮紧握不放，一次又一次，不厌其烦，把"水"字写了又写。

突然海伦触电似地停住挣脱，停住呼吸，她全神贯注于手掌中的拼字。"水"从她掌心输入脑海。水！刹那间，她脸上闪耀出顿悟的光辉。

海伦的生命似从梦中惊醒。她坐在地上笑着、叫着，用拳头捶地。安妮蹲下把她拥在怀里。时光宝贵，海伦匆促地挣脱，用手再度拼着，她要求"快拼"，要求安妮快快教她。

海伦碰着水龙头，安妮在她手中拼了几次"水龙头"。海伦集中精神学习，第二个字花去她好几分钟，她点头示意，第二个已输进脑中，加入她的词汇里，她在古井小屋内来回行走要求安妮教她所摸到的一切东西的名称。几个字以后停下来，她突然抬起头，眉头紧锁。安妮知道她碰上了难题。海伦愁眉苦脸，看来好像又要撒野了。其实不然，她正在苦苦思索，以至于不断用拳头敲打自己的头。

安妮不禁笑得前仰后合。"你终于想到了。小捣蛋，来吧！把手伸出来！"

她慢慢地在手里拼出"海伦"。

此时海伦面对安妮，静静站着，双眸渐渐明亮闪烁，她知道了"海伦"这个名字就是她自己。

她又拉起安妮的手，轻柔地拍着。安妮以为她表示"谢谢"，但是海伦继续轻拍。

"原来如此!"安妮在海伦身旁弯下腰,在她手里写了"老师"。好!现在两个人都有名字了。

几分钟后,两个全新的人从古井小屋并肩走出。

初尝知识果实,海伦继续央求"老师"教她认识新字。临睡前,海伦已拼会了三十个字。她在这一天所学的,比过去五个星期所学的总数还要多,最难得的是她理解了这些文字所代表的含义。

海伦的手指因疲乏而抖动,她的眼皮深垂,手指却还在拼画。安妮轻轻嘘着:"够了,够了。"她抱起海伦放到两人共睡的床上。

海伦舒服地躺着,手指还在不安分地挥动。安妮不禁莞尔一笑,轻声说:"宝贝,还有明天呢!明天可以学得更多哩!"她轻轻按下被窝里蠕动的小手。

安妮站在床边舒了一口气,才发现自己是多么的累。她赶快套上睡衣,脸也没洗,牙也没刷,爬上床躺在海伦身旁,一切等明天再说吧!

"多么美妙的一天!"在凉爽的被单里,她把脚伸直,放松全身。

美好的一天还未落幕,海伦还没有睡着。她溜下床偷偷绕到安妮身边,亲吻安妮的面颊,又回到床上,依偎在安妮的手臂里呼呼酣睡。

安妮拥着熟睡的孩子静静躺着。她侧弯身轻轻地回吻了海伦。

文字三昧

　　安妮不断地在海伦手中写满了字，海伦神速地吸收这些知识。她认识自己所接触到的一切东西，就像一个饥饿的人面对佳肴而狼吞虎咽一样，她急切地想弥补五年来的空白。有志者事竟成，她做到了。

　　到了4月底，海伦认识了一百个以上的字。到了5月中旬，她学了将近四百个字。

　　该教她阅读了。安妮拿出她的教学设备一叠硬纸卡，每张卡上印了简单的字，每个字都从卡上凸出，海伦可以用指头触摸阅读。

　　安妮随便抽出一张。"盒子"，好吧！就用这一张。她把纸卡放在盒子上，让海伦的手指抚摸纸卡上凸出的字，然后牵着她的手，仔细研究"盒子"。她带着海伦的手，一次又一次，先摸字，然后摸盒子，但海伦依然无法把凸出的字和盒子互相连贯起来。

　　安妮耐心地试了其他的字和东西。海伦还是无法突破，海伦苦苦思索，绞尽脑汁还是没有办法解开哑谜。

安妮改变战略，她用盲人用字母板。每当海伦右手指抚摸一个字母时，她马上把这个字母写在海伦的左手掌心。海伦皱起眉头，她了解左手掌心的字母，却不知道右手指上触摸的是什么？

她的手慢慢移向第二个凸出的字母。安妮很快地在左掌心写出这个字母。海伦增加速度抚摸下面的一连串字母。安妮不敢稍有怠慢，紧跟海伦的速度在掌心写下去。

写到一半时，海伦面露喜色，忽然开窍了。笑眯眯的，好像表白着"黑暗的牢笼已开，广大的世界，我终于有幸参与"。

海伦很快就学会了这些字母，第二天，她学会了更多的字。在这短短的期间，她心花怒放，心满意足，已不甘心学习纸板字卡，开始研究安妮给她的一些盲人用的初级盲文。

安妮计划可以在此打住，让海伦有一段休息和调整的时间。夏天，天气变得炎热非常，海伦紧张活跃的脑子也该休息一下了，然而安妮发现海伦已经无法停下学习的脚步了。

一天早上，她给了海伦一张纸卡。上面写着："早上老师要到楼下帮妈妈做事，海伦要留在房间做功课。"海伦眉头微皱，但还是点头答应。于是安妮独自离去。

海伦在房里，抚摸着纸卡。过了一会儿，她把纸卡扔到一边。她已认识了卡片上所有的字，留下这些东西还有什么用呢？

忽然，海伦眯着眼，急忙捡起散落满地的纸卡。她手指在卡上触摸。呀！这个字正是她要的，这一个字也是，其余的呢？哦，原来都在这儿。

海伦从椅子蹦下来，摸索到衣柜打开柜门。她很快用手指检查一下手里的纸卡，弯下腰，放几张纸卡在地上，紧紧握着剩下的纸卡。

她跑进衣柜躲了起来。外头没有一点儿声响，她又跑出来，站到房间门边，抬起头，一心一意注意大厅的动静。她没有感觉到震动，老师一定还在楼下。

时间过得很慢，海伦在房里来回踱着。难道老师不回房间啦？终于她感觉到楼梯口传来震动，是老师吗？震动频率变了，脚步从大厅传来。没错！那是老师。

海伦双手环抱胸前，欢欣、兴奋，她想象着老师看到空荡荡的房间，一定会到处寻找她。老师一定会想：海伦在哪里？这小孩到底跑哪儿去了？老师会找海伦吗？那当然！

当安妮踏进房里，海伦不见了，她看到衣柜的门轻轻摇动。这个小鬼又在捣蛋，安妮笑着走向衣柜，她轻拉拉开柜门，海伦藏在衣柜里。

海伦面对老师洋洋得意，手上拿着一张写了"女孩"的纸卡，地上放的纸卡写了"在""衣柜""里面"。那是海伦第一次自己组成的句子！

安妮慈爱的微笑瞬间凝住了，她痴痴地站着。"我的小宝贝！"泪水涌满安妮的双眸，成串滴下。

安妮曲膝蹲在海伦旁边，拉着她的小手，写下："海伦使老师很快乐。"

生活体验

　　安妮很快就学会用凸出来的盲文阅读了，她用手指拼字代替谈论，用手掌感触代替倾听。不久安妮就要教她如何使用铅笔写字了，她将学习盲哑者救星的布莱尔盲文，通过令人兴奋的读书和写字，她便可以以文字来表达自己的思想了。

　　安妮知道周围自然环境的重要性，教育应该包括活生生地实际体验。每天早餐以后，她和海伦就从家中走出来，目的地是凯勒码头。码头在田纳西河畔，已经完全废弃不用了。码头虽然离家只有两里远，却经常耗去她们很久的时间才能往返。没有人能算准她们是否能赶上中饭时间。锦绣河山，步步生机，海伦充满了好奇，无所不问，安妮也有问必答。

　　为了解释海伦心中的疑问，安妮常常弯腰伸手抓出甘蓝菜下跃动的青蛙，交给海伦抚摸。抓出藏在草堆中的蟋蟀，让海伦感触蟋蟀后腿震动时的声音。

　　海伦摸着纤细轻柔的棉花球，安妮教她那是"棉"。棉花曾经是美国南方赖以为生的主要农作物，并且成为美国南北战争的主因之一。海伦抚摸、记忆着野花儿的形态，至于花草的缤纷色彩，只得听安妮的仔细传述了。她们采撷太阳底下熟透的野草莓，闻着它的芳香，品尝舌上甜甜酸酸的滋润感。她们共享阳光烘晒草堆的香味；共享抚摸萤火虫柔软无骨的触感。

一天早晨，海伦在田纳西河的岸边，第一次学习"地理"。

老师蹲在泥巴里挖空这里，堆高那里，造出几个奇形怪状的大深坑、一条平坦地、一些高丘。安妮弯腰舀了河水灌满低洼的地方。

海伦一直发问："老师，这是什么？"

安妮只回答她："海伦，等一等。"

海伦只好用手观察安妮的每一个动作，耐心地等待着解释。安妮终于做完了，她用泥沙做了一个缩小的世界地图。

安妮讲解爆发的火山，喷出火焰的山顶，奔流而出的熔岩埋下的城镇；冰河曾经慢慢移动，盖满地球表层，冰冻所有的生物；古地质时代巨大的怪兽，它们有尖小的头，庞大的身体，在沼泽地互相扑斗……海伦听得又怕又爱。

海伦从来没有刻意去学习很多困难的问题。后来，当她听到一些人说地球本身的历史平淡乏味时，她疑惑了："怎么可能？"在她看来，地球是个奇异、瑰丽而壮观，有着许多险恶的不可思议的星球。老师用田纳西河的泥塑启发了她头脑中的奇妙世界。

海伦最大的发现不在于蝴蝶扑翅，也不在于浩瀚的地球，她的最大发现是找到"自我"。

海伦已经七岁，在过去的五年里，她生活在暗无天日，浑浑噩噩的世界里，对自己一无所知。自从生病以后，她从来没有开怀欢笑过。有一天，安妮大笑着进入房间，她拉起海伦的手，让海伦触摸她笑吟吟的嘴形、颤抖的喉咙和摇动的身体。海伦面露惊讶，十分奇怪。安妮在她手上写了"笑"字，安妮不容海伦发问，马上把海伦按在床上呵痒。

老师笑着，逗着被扭按在床上的小孩子，老师不停地写："笑"。

海伦露出微笑，先是笑容满面，咯咯笑出声音，最后哈哈畅笑。看到这一幕快乐的闹剧，听到大笑声，凯勒夫人几乎不能相信眼前的情景。她听到了海伦在欢笑！她高兴得热泪盈眶，幸福地倚在丈夫宽厚的肩膀上。"亚瑟，亚瑟，我真不敢相信，我们又可以听到海伦的笑声了！"

在海伦的许多回忆录中，她对初获数学概念的一刻铭刻在心。那一种理念，不是实质上的长短尺度或形态的大小，它无法用手指头探寻。

问题起自老师问海伦一个简单的加减数目。"海伦，如果你有一块钱，我再给你两个三块钱，你总共有多少钱？"

"十……七。"海伦心不在焉，胡乱作答。

"错。"老师马上拼写："不要瞎猜，不要这么懒。来吧！用心想一想，一加上两个三，就是这么简单。"

海伦眉头紧皱，集中精神思考答案。

这时老师往前斜倚，轻轻地敲了敲她前额，适时地在她手掌写出"想"字。海伦恍然大悟，原来此刻在脑子里来回的无名念头就是"想"。她把这个新学来的字和意义珍藏贮备起来。海伦的思想领域逐日扩大。

不是所有的课程都顺利愉快。事实上，学习的过程遍地荆棘，令人痛苦万分。有一天，安妮听到一楼厨房里发出可怕的尖叫声，安妮知道准是海伦惹了祸。

她急急忙忙地冲下楼。在厨房的通道，她遇见迎面而来的凯勒太太。

海伦不是受伤而是发怒了，疯狂地抓着、踢着厨娘薇妮，好像要把薇妮撕成碎片吃掉她。

安妮用力拉开海伦，试图想拥抱她安抚她的情绪。然而海伦太激动了，一点儿反应也没有。于是，安妮拿起她的手。

"海伦为什么生气？快告诉老师。"海伦开始哭泣，她颤抖的手指断断续续写出："薇妮……坏……薇妮……坏。"

安妮向着嘈杂的厨房喊道："薇妮，到底怎么回事？"

"我也搞不清楚啊！"厨娘回答，"她拿着平常玩的那些小圆石，堆满那片玻璃，我怕她弄破玻璃伤到她，就去拿玻璃，她拉住我，不让我拿开，我用力拿，然后她就……"薇妮对在地上滚叫的海伦摇着头。

安妮无可奈何地叹了一声，她抚慰海伦回到房里，思考着这件事。

海伦悄悄走进房里，她爬近老师身旁贴着脸要亲老师。安妮轻轻捺住她，在她手上写下："不，老师不要亲顽皮的女孩。"

海伦反驳："海伦是好女孩，薇妮坏。"

"但是海伦打了薇妮，又踢她，海伦伤害了她。"然后她幽幽地接着写，"抱歉，我不要亲顽皮的女孩。"

海伦满脸通红，一动不动地站着，安妮看穿了她内心的矛盾和挣扎。海伦很生气地抓起安妮的手写道："海伦不喜欢老师，海伦喜欢妈妈，妈妈会打薇妮。"

安妮平静地带着海伦坐在椅子旁边，给她一个洋娃娃，并告诉她："海伦，坐一会儿，自己想一想，事情究竟是怎么发生的？好好想一想，现在什么都不必说。"

两人分开度过了懊恼的晨光。午饭时，安妮吃不下任何东西。海伦用手摸，发现安妮没有吃，也心烦意乱地一直追问："为什么不吃？"

"我不饿。"

"为什么？"

"我没有胃口。"

"我叫厨师泡茶给老师。"海伦用心拼写后跳下了椅子。

"不。"安妮阻止她，"我伤心，我太难过，喝不下。"

看到这个手语后，海伦流泪啜泣，悲伤心碎，安妮深受感动。

安妮大声自责："可怜的海伦，原谅我吧！我一直逼你、督促你，原是求好心切啊！我早就该想到，你那坏脾气不可能说改就改，大家都应该体会得到。"她把泪眼汪汪的小女孩揽到身边。

她在海伦手上写："来吧，海伦！让我们忘记早上不愉快的事情，老师答应你，没事了，我们到楼上去，去看一种很奇怪的昆虫，叫'枝节虫'，我把它装在瓶子里，我们来研究它。"

两人手拉手来到楼上，安妮立刻发现海伦满怀心事，根本无心顾及昆虫。

海伦问："昆虫知道谁是顽皮的女孩吗？"她双手抱住安妮的脖子抽抽噎噎，她拼写："明天我要做个好女孩，以后海伦要做个好女孩。"

安妮写道："跟我一起去找薇妮，我会告诉薇妮，你向她道歉。"

海伦点头答应，她们手牵手走到薇妮面前。当安妮拼写道歉的字在海伦手里时，海伦一直点头向薇妮表示她的歉意，虽然海伦没有亲薇妮，但她接受薇妮亲了她的面颊，两人又重归于好了。

海伦如释重负地舒了一口气，跑到楼上卧房爬上床，很快就进入了梦乡。

凯勒夫人和安妮看着熟睡的海伦，凯勒夫人语重心长地说："她终于战胜自己的暴戾习气了。"两人会心一笑，静静地退出房间。

柏金斯盲人学校

第一个夏天即将结束了，安妮收到萝拉从柏金斯写来的一封信。她带着信下楼，午餐时念给大家听。还未念完，凯勒夫人就兴冲冲打断她："老师，现在海伦写得跟她一样好呢!"

此时是 7 月 31 日，自从海伦学会"水"这个字以后还不到四个月。她快速地进步从不停顿，到 8 月底，海伦学会六百二十五个字。10 月，她可以用盲文写信给柏金斯的盲孩子们了。年底，安妮带她去看马戏团。对于马戏团里的动物，海伦问了千百个细微独特的问题，使得安妮夜以继日，到处寻找这些答案。

要满足海伦旺盛的好奇心，可真把安妮忙得团团转。

第二年 6 月，安妮收到柏金斯校长安那诺斯先生的来信。这些日子以来，他随时注意着海伦的进步。他在信上说，如果安妮答应带海伦去参加毕业典礼，他将引以为荣。

她读完信，锁眉深思。海伦准备好了面对如此多的陌生人吗?不错，在过去的一年里，她收获丰硕，但是大众会不会因此把她当成天才儿童或畸形儿呢？太多的同情会不会毁了她？

安妮终于做了最后决定。海伦现在能读，又能写，她能回答人们提出的问题，能够独当一面，而且绰绰有余。她们第一年度的学习探讨到此结束，该是迈进新里程的时候了！

月底将到，安妮和海伦整装起程，搭上北去的火车来到波士顿。一到波士顿，她们就直接前往柏金斯。海伦和安那诺斯校长礼貌地打过招呼后，便迫不及待地转向安妮，问道："那些小朋友们呢？她们在哪里？"几个月以来她们之间互相通信，在海伦的心目中，她们早就是自己的好朋友了，她急切地想着见她们！

安妮莞然一笑："来吧！就带你去。"她带海伦来到一个大游乐室，"她们在这儿等着你。"她把海伦向前一推，海伦热切地融入了新玩伴们的环绕中。

第二天，安那诺斯先生请安妮到办公室私下聊一聊。

"你们俩以后有何打算？"他想知道。安妮慢吞吞地说："还没有计划，我还没有时间考虑到将来的事。过去的这一年，像一阵旋风，吹得我昏头转向。"

"安妮，你有没有考虑过，把海伦留在这里一段时间？"

安那诺斯先生看到安妮皱眉头，他急忙解释："哦，当然你也得留下来。安妮，不要担心，你很会教育孩子。"

安妮淡淡地回答："谢谢您，我们不打算留下来。如果您邀请我们做短暂的拜访，我们会很乐意接受。"

"为什么不留下来呢？"

"海伦盼望拜访萝拉很久了，她想她们同是又盲又聋又哑的残障者，该是知己的好朋友，今天早上我带海伦去找萝拉，您知道吗？精力旺盛的海伦，差一点儿把萝拉吓死。海伦一亲近她，她就莫名其妙地紧张、急躁起来，一直等到海伦离开以后才平静、稳住情绪。

原因不外乎萝拉的生活圈子太狭窄了，她只活在自己的小房间里，那不是海伦所要的小池塘，我不能把她困在那里。"

"安妮，对于她们，你还能期盼什么？"

安妮的雄心大志，安那诺斯校长觉得荒谬又困惑。"海伦的健康情形不可能恢复正常，安妮，你应该面对现实，不要蒙住眼睛，自我欺骗，这样子到头来只是一场空，只会令人伤心罢了，她和平常人不一样……"

安妮了解他的诚意，他的担忧，但她得说服他。

"我知道她不可能完全康复，我也知道她眼盲、耳聋，又是哑巴。这些生理上的缺陷逼得她与正常人的生活分开，可是……"安妮目光炯炯满怀希望地说，"您说她与正常人不一样，也许您说对了，但我却要说，她与正常人一样，我也绝没有说错。她身体残障，但是她和你我一样，都具有她本身的内在性。就如同您是安那诺斯先生，我是安妮，而她是海伦。她和其他正常人一样各具品性，各怀心志，请不要担心，我相信天无绝人之路，有志者，事竟成。"

年华逝水

接下来的几年，安妮和海伦的奋斗获得了辉煌的成果。一次又一次的非凡成就，给海伦带来了社会各界人士的肯定和声誉。1890年春天，她成为历史上第二个能使用嘴巴讲话的聋哑者。她可能终生盲而不见，聋而不闻，但她不再哑而无语。当海伦十二岁的时候，她十分坚定地宣布："我将来要上大学，我要上哈佛大学。"

多半人对她上大学都深表怀疑，而且还要挑此名校。她如何能够与那些视听正常的俊才英杰竞争？只有安妮毫不犹疑地支持她的挑战。

1900年秋天，海伦进入哈佛大学德克利夫学院。安妮和她形影不离，陪她上课，用手语给她翻译教授的讲课。四年以后，她与其他九十六个女孩一同站在毕业生的行列中，接受大学毕业文凭——一张无价之宝——向全世界宣称："海伦·凯勒从举世闻名的德克利夫学院光荣毕业了。她也是全世界受过最完整教育的盲聋者。"

海伦的名声与日俱增，成了家喻户晓的人物。只有少数朋友注意到在她身旁，经常有一位纤细瘦小的女士如影相随。安妮心甘情愿、默默无闻地隐身幕后，从不抱怨。一位专栏记者请安妮写一些有关她自己的文章。她不屑一顾地回答："我的生活是我自己的私事，不必大家费心。"她不想曝光自己，永远要扮演"老师"的角色。

"老师"和海伦都过着充实的日子。海伦成了作家，她在书、杂志、报纸上讲述盲聋生活形态、心理演变过程。她写了很多关于盲者、聋者面临的种种困难。她和老师在美国巡回演讲，启发大众了解残障者的困境。

时光流逝，年华似水。一向精神抖擞的安妮，随着海伦奔波，日渐感觉力不从心。1920年，她向海伦说："这一次演讲我没有办法跟你一起去了，请另外再找一个人去吧！"

安妮渐渐老去，如今她的双眼也失明了。

为了海伦，安妮尽量提起精神。悦己悦人，她向朋友诉说："这些日子以来，欢笑是一件多么痛苦的事，我真痛恨这个老朽无用的身体。我心里想的是步履自如、骑马涉水、熬夜不倦，能观看一切景象的安妮·莎莉文。事实上我却骨架松垮、瞎眼、疲惫。我自欺、自瞒，已经没有能力再背负这一具老包袱了。"

她的朋友劝道："安妮，您怎么可以这样呢！您不能离开我们。海伦不能没有您。"她斩钉截铁地说："果真如此的话，我的努力将全盘失败。"她毕生献身于帮助海伦·凯勒脱离枷锁，追寻心性的独立、自由、返璞归真，海伦岂可执着不放，眷念依赖老师。

1936年10月19日，安妮·莎莉文与世长辞。

她留下海伦独自面对现实，海伦得自己调度身、心、语、意和生活起居，老师不再随侧关照了。海伦几次想放弃孤军奋斗，每当懈怠、沮丧时，有一个柔声的告诫就会提醒她："海伦，老师可不喜欢你这种样子。"

慈祥的耳语支撑着海伦忍受痛苦，一点一滴慢慢重建她的内心世界，修整她的生活目标，辛勤地工作。她开怀欢笑，珍惜生命奥妙的禀赋。她耕耘不辍，点燃闪烁的生命火炬，照亮残障者的灯塔。

安妮·莎莉文没有白费心血，她培育了20世纪不朽的传奇海伦·凯勒。